# 写给青少年的隋唐史

星汉 著

华龄出版社
HUALING PRESS

责任编辑：薛　治
责任印刷：李未圻
封面设计：曹柏光

图书在版编目（CIP）数据

写给青少年的隋唐史 / 星汉著. --北京：华龄出版社，2018.12
ISBN 978-7-5169-1415-1

Ⅰ.①写… Ⅱ.①星… Ⅲ.①中国历史－隋唐时代－青少年读物 Ⅳ.①K240.9

中国版本图书馆CIP数据核字（2019）第009261号

书　　名：写给青少年的隋唐史
作　　者：星汉　著

出 版 人：胡福君
出版发行：华龄出版社
地　　址：北京市东城区安定门外大街甲57号　邮　编：100011
电　　话：010-58122246　传真：010-84049572
网　　址：http://www.hualingpress.com

印　　刷：三河市东兴印刷有限公司
版　　次：2020年7月第1版　2020年7月第1次印刷
开　　本：710×1000　1/16　印　张：14
字　　数：170千字
定　　价：39.80元

# 前言

## 千年繁华，曲终人散

千年前，隋文帝杨坚灭南陈、统南北，开科举成开皇之治。

千年前，炀帝杨广征高句丽、开运河，重蹈秦二世之覆辙。

千年前，秦王李世民执长刀、跨八骏，劈开一个新的时代。

千年前，女帝武则天建明堂、封泰山，登临全天下的巅峰。

千年前，明皇李隆基杀韦后、诛太平，打造最繁华的盛世。

唐之兴，始于隋之兴。打开那一扇通往隋唐的窗户，端见那一骑的风采自战火中走来，用开明豁达的襟抱和英雄天纵的才华，编织了隋唐的辉煌开篇，“兼听则明，偏信则暗”，将天下英雄尽收彀中；听见那一声爽朗的笑声，面对叛乱者“杀姊屠兄，弑君鸩母，人神之所同嫉，天地之所不容”的指责和谩骂，她微笑着细读檄文，叹息着：“宰相之过也。人有如此才，而使之流落不偶乎！”正是这样的王者气度，使得大唐王朝在一位娇媚女子的手中真正走向了辉煌。

忽而，长安市上的酒香萦萦绕绕，吹开了门外的卷帘。一壶酒、一杯茶让整个都市馨香四溢，香气中带着兴旺与繁华，延伸到扬州、蜀州，“扬一益二”成为世间佳话；挥洒至敦煌，开启了古老的文明；漂洋过海，让东西方的文明交汇。

然而，唐朝亦未能脱离盛极而衰的历史规律。“渔阳鼙鼓动地来”，一场大乱结束了开元盛世的绚丽，留下“流血涂野草，豺狼尽冠缨”的满目疮痍，但是大唐又在废墟中重新站起。虽然痼疾缠身、日薄西山，但仍然有新的发展留给后人，募兵制、两税法的光辉一直照耀整个宋朝。

唐朝人喜欢外来文化，穿胡装、听胡乐、观胡舞、吃胡食是全社会的风尚，“胡音胡骑与胡妆，五十年来竞纷泊”，是唐朝人百无禁忌的自信和海纳百川的胸怀。

唐朝人喜欢逛夜市，他们不理睬朝廷的禁令，在夜幕降临之后走出家门，到胜业坊买蒸饼，到颁政坊吃馄饨，去崇仁坊看那“昼夜喧呼，灯火不绝”的夜景，这是唐朝人享受的热闹与繁华。

唐朝人喜欢好诗，白居易初到长安，被人嘲笑“长安百物皆贵，居大不易”，待展示出“野火烧不尽，春风吹又生”的千古名句后，又被连连赞叹“有句如此，居天下亦不难”，这是唐朝人对文化的尊重与推崇。

唐朝人喜欢游玩，在春和景明的好天气里，带上家人到乐游原和曲江池边游览美景，“倾国妖姬云鬓重，薄徒公子雪衫轻”，是唐朝人的自在逍遥和开朗奔放。

千年以降，这一切都已烟消云散，“曲终人不见，江上数峰青”，只留下点点遗迹，数声叹息，和史书里、诗作中那充满怅惘的回忆与凭吊。然后，就有了这部书，将隋唐三百年的那些鼎盛与衰败、和平与动荡、文明与沦丧一一收录，展示尊前。

本书以正史为蓝本，汇集多年来历史学者的研究成果，去粗取精、削繁就简，用轻松的语言进行阐释，竭尽所能地将那漫漫三百年的历史完整全面地呈现出来。当然，由于时间和精力有限，本书未能做到面面俱到，有所纰漏之处敬请读者不吝赐教。

# 目录

## 第一卷 隋末乱世

## 第二卷　一统天下

## 第三卷 女主临朝



## 第四卷 盛极而衰

## 第五卷 夕阳西下

# 第一卷 隋末乱世

# 第一章 群雄逐鹿的舞台

## 乱世风云的前奏

历史，宛如一轮明月，从北周到隋朝，从李渊开国到朱温建立后梁，阴晴圆缺，总有它的定数。“人事有代谢，往来成古今”，而大唐，从隋末战争开始就像一弯散发着微弱光芒的月牙缓缓浸润成一轮圆月。然后它经历了贞观之治和开元盛世的繁华，经历了安史之乱和唐末战争的变迁，最终以末代皇帝李柷喝下的一杯毒酒回归混沌的原点。这风风雨雨三百年，留给世人的是惊叹，是向往，也是无数的失落和追忆。而在这风云际会的三百年中，一切的兴衰荣辱，一切的悲欢离合，要从一个皇帝和他的暴政开始说起。

唐之兴，兴于隋。隋朝这个短命的王朝从开国之君隋文帝暴毙身亡，杨广登基称帝开始，就注定了它走向穷途末路的悲剧。历史最具魅力之处就是它时时刻刻都充满了巧合，虽然隋炀帝杨广葬送了隋朝，然而正是在颓然倾倒的大隋废墟的滋养之下，才开出了光辉炫目的大唐盛世牡丹。

唐朝的开国之君李渊长于隋朝，从血缘关系上来说，李氏家族和杨氏家族有着莫大的联系，唐高祖李渊与隋炀帝杨广是拥有同一个外祖父的表兄弟，也算得上是骨肉至亲。李、杨两家的荣辱兴衰就如两条线，交织出隋末那英雄辈出的岁月，因此说到唐朝的开创，就不得不提及杨广和那昙花般盛开骤谢的隋朝，提及那段传奇般的往事。

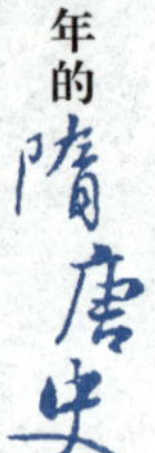

将杨广和李渊联系起来的是一个女人，而这个女人就是历史上著名的独孤皇后。独孤皇后是北周重臣独孤信的女儿，地位十分尊贵，独孤家族为杨坚建立隋朝提供了极大的助力，因此杨坚始终对独孤皇后十分尊重以至到了“惧内”的程度，甚至曾经因为独孤皇后的善妒而离宫出走。不过，除了嫉妒心稍强，独孤皇后并没有倚仗家族势力而变得虚荣自大、恃强凌弱，相反，她性格温婉、仁孝淑德，称得上是一位不可多得的好皇后。

隋炀帝杨广就是这位独孤皇后的亲生儿子，而李渊则是独孤皇后的四姐之子。隋朝的诞生和兴盛，隋朝的衰弱和灭亡，都和这位奇女子有着千丝万缕的联系。是她，被城府颇深的杨广蒙蔽了双眼，将储君的筹码押在了后来的亡国之君隋炀帝的身上；也是她，保护和培养着她的外甥李渊，为他后来晋阳起兵创下伟业打下了基础。

从东汉末年开始，中国的社会就一直处于动乱之中，魏、蜀、吴三分天下之后，由西晋王朝短暂地统一了南北。西晋灭亡之后，中国大地总体上分成了南北两块，并且这个状态一直持续到了北周末年。隋文帝杨坚继秦始皇、汉高祖和晋武帝之后创立了隋王朝，再一次统一了南北。

公元581年，杨坚取代北周的末代皇帝周静帝宇文阐，顺利登上了皇帝的宝座，建立了隋朝。在隋文帝的统治之下，中国的军事、政治、经济等诸方面都有了长足的发展，社会稳定，经济繁荣，整个国家焕发出勃勃生机。这就是所谓的“开皇之治”，也是隋文帝在历史上不能被抹去的功绩。

而此时的李渊因为杨家主宰了天下，他作为皇亲国戚也得以进入宫廷担任千牛备身之职，保卫隋文帝的安全。如果不是后来表弟杨广夺位弑父、倒行逆施，毁掉了杨氏江山，李渊或许一辈子都会以皇亲国戚的身份享受着尊荣，平淡无奇地度过自己的一生。

然而历史就在任何人都没有预料的时刻悄无声息地发生了转折，将两个年轻人导向了截然不同的人生之路，也将整个时代导向了截然不同的历史道路。正当隋文帝雄心不已、殚精竭虑地为帝国打下雄厚的基础，以期大隋王朝千秋万代、生生不息之时，却没有想到，在他的身后，一场以皇位为斗争中心的骨肉厮杀即将悄然上演。

## 最佳男演员

公元604年，隋仁寿四年，隋文帝杨坚驾崩。

隋文帝共有五个儿子，均是正宫皇后独孤氏所出。杨勇是嫡长子，早在北周时期，杨勇就被立为世子。

太子杨勇为人仁爱宽厚，凡事都率性而为，他的很多不拘小节的行为在他的父亲隋文帝看来或多或少都有些有违礼制或者越权的意味。

再加之杨勇与太子妃元氏感情不和，却极其宠爱小妾云诏训，这一点让独孤皇后十分不满。元氏因为得不到皇太子的宠爱，心生抑郁，最后因病而亡。猜忌心颇重的独孤皇后认为太子妃是杨勇和云氏合谋所杀，内心的天平就逐渐偏向了会讨母后欢心的杨广。

晋王杨广的才能是不可忽略的。早在隋朝建立之初，杨广就以亲王的身份参加了南下灭陈、北上攻打突厥的战役，建立了赫赫功勋。开皇九年（589）四月，成功结束平陈之役的杨广率领隋朝大军浩浩荡荡地回到了都城大兴（即后来的长安），并将陈国的亡国之君陈叔宝作为战俘，在太庙举行了献俘仪式。此时，他的功绩已经远远超过了太子杨勇，也正是由此他萌生了取太子而代之的心思。

开皇十年（590）十一月，南方的婺州和会稽州等地发生了叛乱，杨广被任命为扬州总管，南下处理平叛事宜。扬州，这个让杨广一生魂牵梦萦的地方从此就成为他的根据地。

杨广长于掩饰且心机极深，再加上他所在的扬州与隋文帝所居住的都城大兴距离甚远，这也给他后来上演一系列的“大戏”提供了可能。从这时起到他被立为太子的漫长的十年里，杨广似乎分

裂成了不同的两种人格。在朝堂，对隋文帝和独孤皇后他是忠臣孝子；而在江都，他却是一个狼子野心的逆臣。这种长期处于分裂的人格似乎也可以给他后来所实施的暴政提供了一种解释。

为了博取隋文帝和独孤皇后的欢心，杨广每次回扬州之前都与父母深情辞别，甚至到了痛哭流涕的地步，这让隋文帝和独孤皇后十分感动。每逢隋文帝和独孤皇后来到他的府邸，杨广就立刻将府中的美女藏起来，于是父母看到的都是老弱貌丑之人。乐器等玩乐用品都经过了事先处理，不但琴弦折断而且都蒙上了一层灰，似乎很久都没有使用过。

对于朝廷派来的视察的官员杨广也十分谦恭有礼，每每亲自到码头迎接，这让众多官员都十分感动。于是这些官员回到大兴之后，纷纷向隋文帝诉说晋王的“德行”。

仅仅自己做得“好”是远远不够的，毕竟杨勇是嫡长子，而且以前一直都受到隋文帝的喜爱，杨勇只是遇事不拘小节，如果他能够保持在大事上不犯大错，那么他的太子之位就十分稳固。

于是杨广抓住时机找准机会多次向独孤皇后哭诉，说哥哥想谋害他。已经被愤怒蒙蔽了双眼的独孤皇后完全听信了杨广的话，对太子杨勇更加憎恶。与此同时，杨广还在心腹宇文述的帮助下拉拢了朝中重臣杨素，为在朝廷营造舆论打下了基础。杨素是个文武全才，极受隋文帝倚重，只要他站在杨广的一边，以杨坚多疑的性格，不久就会将太子废除。

隋文帝对杨勇的猜忌越来越严重。此时的杨勇终于感觉到了事情的严重性，再这么发展下去，不但他太子之位不保，还有可能人头落地。走投无路的杨勇向占卜之士求援，希望通过“占卜避邪”来免除自己即将被废的命运。

巫蛊之术是宫廷中绝对不能触及的话题，历史上与之沾上关系的人都没有好下场。开皇二十年（600），隋文帝终于在武德殿宣布废黜“抚军监国凡二十年”的太子杨勇，并将其子女全部贬为庶人，而立晋王杨广为太子。

时间又过了一年，仁寿二年（602），独孤皇后去世。由于独孤皇后生前对后宫的专制，隋文帝几乎没有什么机会可以接触后宫的其他女子，现在没有了皇后的约束，他开始宠幸年轻貌美的宣华夫人陈氏和容华夫人蔡氏。

后来，隋文帝一病不起。他在病榻之上看清了独孤皇后的好，所以他在死前叹息道："倘若皇后还在世，我肯定不会落到如此地步。"而且，隋文帝一病，一向谦恭孝顺的杨广终于露出了他的真面目。

自悔无识子之明的隋文帝痛彻心扉地说道："枉废我儿！"意思是当初不该废掉杨勇而立狼子野心的杨广为太子，并且想要废掉杨广，但一切为时已晚。得到消息的杨素派人带兵包围了隋文帝养病的仁寿宫，并且入宫杀死了隋文帝。仁寿四年（604）七月，杨广即位，是为隋炀帝。

## 大运河淹没了什么

隋炀帝即位不久，就将目光投向了他的亲兄弟——杨勇和杨谅的身上，杨广首先要除掉的是废太子杨勇。被废之后，杨勇曾经多次试图向隋文帝辩解，但都无果而终。隋文帝崩逝之后，杨广遂矫诏将其缢死。

杨勇死后，杨广又着手处理掉了弟弟杨谅。所有障碍都已清除，全天下都在他的掌握之中。接下来，在公元604年到公元605年不到一年的时间里，杨广下令做了几件大事。隋朝在他的不知节制、不考虑后果的大肆动作之下，一步步走向混乱和灭亡。

首先，隋炀帝下令在当年秦始皇修建的基础上继续修建长城。长城修建好之后，为了保护长安、洛阳等地不受外敌侵扰，杨广下令从龙门开始开挖一条长两千多里的壕沟。这条壕沟起于龙门，途经河南、陕西诸地，极为壮观。为了修建这条长壕，朝廷下令在民间征调了数十万的男丁，一时间怨声载道。接着，隋炀帝又马不停

蹄地开始营建东都洛阳。

当时术士章仇太翼向隋炀帝进言道，大兴与皇帝的五行相克，只有在洛阳兴建新的都城方能保大隋千秋之业。听信了术士之言的隋炀帝立即开始了行动。大业元年（605），隋炀帝命尚书令杨素等人在距洛阳旧城八十余里的地方兴建东都。这浩大的工程仅在十个月内就完成，原因是自从命令下达后的每个月，都有两百万的丁夫被征召来修城。

在营造洛阳宫殿的过程中，天下的珍材异石，都以各种不同的方式运往东都洛阳，许多服役的丁夫都活活累死在半路上。除了营建洛阳城，隋炀帝又下令在洛阳之西修建显仁宫和西苑，极尽奢侈之能事。这些工程无休无止，使得天下百姓苦不堪言，民怨沸腾。

西苑面积庞大，占地二百亩有余。西苑之中又有海，在海上还有人力修造的三个仙岛。仙岛之上，亭台楼阁更是数不胜数。沿海北面的龙鳞渠岸边，又有别院十六座，院内陈设奢华，更不待言。宫殿修建好之后，隋炀帝经常携妃嫔在宫中游玩。而此时，在他心中，念念不忘的还是他的兴起之地，那陪伴了他近十年的地方——扬州。

历史上对于大运河的开挖可谓是毁誉参半。总的来说，隋末大运河的开凿不能说与隋炀帝方便游幸江南的私人目的毫无关系，但从宏观角度来看它确实促进了南北文化的交融和经济的发展。兴建于隋末的大运河对中国后来的发展有着不可忽视的作用，因此唐人皮日休作诗为大运河鸣冤：“尽道隋亡为此河，至今千里赖通波。若无水殿龙舟事，共禹论功不较多。”

隋炀帝时期开凿的大运河以洛阳为中心，分为通济渠、山阳渎、永济渠和江南河四段，且沿河都有为皇帝修建的行宫。这项工程耗费民力数百万，不少百姓都因为修建大运河而牺牲了自己的家庭甚至是生命。据记载，由于大运河的开凿工程浩大而且时间极为紧迫，因此所征的男丁不足竟然将成年妇女抓来服役。

大运河的开通带来了南北交通的便利，也给隋炀帝的享乐提供了便利的条件。隋炀帝自大业元年（605）登基到大业十四年（618）被弑于江都这短短的十几年内，曾三下江都，到其他地方游玩更是数不胜数，共计出行十一次。沿途各地的官员常常为了满足皇帝的私欲、保住自己的前途而拼命地压榨百姓。

就在隋炀帝忙于享乐的时候，百姓已经被逼到了末路，民间的起义之师也在此时悄悄酝酿，一场大的战乱即将爆发。

治世和乱世往往只有一步之遥，而这二者之间的关系非常微妙，一旦处理不好就可能留下千古骂名，隋炀帝杨广就是一个鲜明的例子。杨广做这些事情的初衷也许并不恶劣，他也许只是希望建立属于自己的一代伟业，甚至超过汉武帝等在他之前的许多皇帝。

但是他理想中的大业似乎只属于他自己，跟天下臣民的死活毫无关系。他下令修长城、兴建宫殿、开挖大运河和大肆游幸之事已经将民力滥用到了枯竭的程度，百姓已然不堪重负、民不聊生。许多朝代的灭亡都验证了一个真理，那就是官逼民反。

## 灭亡指日可待

发生在公元618年的雁门之战，从主观上彻底挫败了不可一世的隋炀帝。雁门，成为隋炀帝，甚至是整个隋朝大业之梦破碎的地方。至此，隋朝这个盛极一时的王朝便一步步走向了溃败的边缘，再也没有回转的余地。

突厥一直以来就是隋朝的心腹大患，既不能发兵一次性将它平定下去，也无法安抚。隋朝廷曾经试图以“突厥打高句丽”这个一举两得的办法来瓦解突厥的势力，最后将其消灭，但并没有成功。征辽战役的失败让隋朝元气大伤，而始毕可汗的实力却在此时悄然增长。眼见隋朝内忧外患交织不清，始毕可汗感觉到和隋炀帝一较高下的机会到来了。

大业十四年（618）八月，隋炀帝杨广照旧乘着銮驾，带着仪仗，浩浩荡荡地前往塞北巡游。但不久之后，他意外地收到了远嫁

突厥的义成公主的急报，称始毕可汗阿史那咄吉已经集结十万铁骑在边境伺机而动，可能会对皇上造成威胁，劝隋炀帝加以防范。但隋炀帝认为突厥的实力不足为惧，而且在边境屯兵给隋朝造成威胁是其一贯的伎俩，所以并没有十分在意。

八月十三日，隋炀帝的銮驾顺利地抵达了塞北边境——雁门。到了雁门之后，他并没有看见任何风吹草动，一切都和往常一样。面对这样的情况，隋炀帝更加肯定始毕可汗只是故弄玄虚而已，根本不敢出兵来犯，因此他便放松了警惕。但出乎隋炀帝意料的是，第二天，突厥的骑兵部队就以迅雷不及掩耳之势包围了雁门郡城并占领了雁门郡治下的三十九个城池，雁门郡城告急。

而此时，雁门郡已经被突厥人包围，援军又迟迟没有到来，只能据城坚守。隋炀帝马上下令将士将城内的民居拆除，拿这些材料来修建防御工事，抵抗突厥人猛烈的进攻，但让所有人不安的是，雁门郡城内储存的粮食仅仅够全部军民食用二十天。二十天后，如果这场危机还没有解除，雁门郡城将不攻自破，而城内包括隋炀帝在内的所有人都有可能在突厥人的刀下丧生。

面对如此危急的情况，隋炀帝马上召集了随行的大臣们商讨对策。内史侍郎萧瑀向隋炀帝提议，可以让始毕可汗阿史那咄吉的妻子义成公主想办法劝说他退兵。

听了萧瑀的建议，隋炀帝马上派出密使从小路火速前往突厥，希望能够求得义成公主的帮助。为了保证万无一失，隋炀帝还昭告天下，命各郡各县率兵前来勤王救驾，解救雁门之围。

两路兵马派出之后，情况渐渐有了好转。一方面，义成公主接到隋炀帝的求援，马上就给始毕可汗送了一封假情报，称突厥边境告急，劝他赶紧率军回来解救。另一方面，在隋炀帝的号召下，各地的勤王之师也陆陆续续向雁门郡开来。

隋朝的援军声势浩大，始毕可汗心中也生出一丝恐惧，再加上义成公主的“情报”，他马上下令撤兵。形势陡然间发生了如此大的转变，隋朝虽然不战而胜但也颜面尽失。

发生在雁门的这起事故就像是一场梦，来得毫无征兆，走得更是毫无痕迹，但这一切给隋炀帝带来的却是难以言喻的失落。自从登基以来，杨广一直想成就一番大业，但却一直在失败，从来没有享受过成功的喜悦。自此，隋炀帝一步步走向了消极和保守，他从内心深处否定了自己，而他的消沉也带领整个王朝走向末路。

事实上，雁门之围真正给隋朝带来的巨大影响并不是来源于它本身，而是在于隋炀帝当初下诏之前的那个承诺。回到洛阳之后，就到了论功行赏的时候。按照原来的诏令，凡是在雁门守卫战中立下战功的士兵和百姓都能直接获得六品的官衔，并能到一百匹绸缎的赏赐，而其余的有官职在身的官员则按功逐级晋升。但事实上，隋炀帝并没有履行当初的承诺。本来参加守城的一万七千名士兵全都应该受到嘉奖，但隋炀帝只给其中的一千五百人以赏赐，赏赐的内容也大打折扣。

眼见皇帝让天下人寒了心，民部尚书樊子盖上书坚持要求隋炀帝按照当初的承诺给守城将士应有的赏赐，但却以“妄图收买军心”被皇帝驳回，樊子盖后，再也无人敢提及此事。不仅如此，隋炀帝又萌发了再征高句丽的想法。从此之后，隋炀帝在天下人眼中威信全无，民心尽失，在他的统治之下，隋朝灭亡指日可待了。

## 按下葫芦浮起瓢

由于隋炀帝频繁地用兵高句丽，各地的兵役、力役等劳役都十分严重，已经超出了百姓的负荷能力，尤以河北、山东一带为甚。于是，隋末真正的大起义便在山东拉开了帷幕。大业七年（611），因为连年的无度征兵加上严重的灾荒，山东境内的百姓已经食不果腹，家业凋零。

此时，山东邹平的王薄首先举起了反抗的大旗，在山东章丘的长白山发动了起义。这支起义军在当时影响很大，从众更是不在少数，可惜的是很快就被隋朝军队镇压下去了。

继王薄的长白山起义之后，各地起义军风起云涌，短短两三年间便席卷全国，形成了不可遏制之势。起义军一开始主要集中在山东一省，但到隋炀帝下令二征高句丽之时，已经扩展到了河南、河北、陕西和江南各地。这些起义军在和隋军的作战过程中慢慢地分裂、重组，形成了三股较为强大的力量，分别是河南李密的瓦岗军、河北的窦建德军和江淮的杜伏威军。

李密的瓦岗军原本是翟让于大业七年（611）在瓦岗寨进行反隋起义的农民军队。当时，翟让在瓦岗寨率众起义，河南、山东的百姓都纷纷来投，再加上起义军中还有李密、王伯当、单雄信等颇有才能之人，经历了大业十二年（616）的荥阳之战和隋军的多次围剿，李密的才华在起义军的众多将领中逐渐展现了出来。出于对李密领导才能的欣赏和对瓦岗军的未来考虑，翟让主动将瓦岗寨的全部领导权都转交给了李密。

大业十三年（617）二月，隋末农民政权——“魏”在瓦岗寨建立了。随后，在李密的领导下，瓦岗军控制了河南的很多郡县，一时声名大振。面对良好的局面，李密决定第二年率军进攻洛阳。大业十四年（618）的正月，如期而至的瓦岗军在洛水之南大败了隋朝将领王世充的部队，并将洛阳团团围住。但在即将要推翻隋朝统治的关键时刻，瓦岗寨发生了内乱，最后被唐高祖李渊所灭。

与此同时，窦建德在河北高鸡泊率众起义，从者万余人。大业十二年（616），窦建德军大败隋朝涿郡守将郭洵的部队，第二年，窦建德在河北乐寿称王，建立了属于自己的农民政权。隋炀帝听闻此事，立即派大将薛世雄率大军围剿。窦建德将其一举歼灭。

大业十四年（618）的五月，已经取得初步胜利的窦建德又自称夏王。窦建德称王之后，河北各地的起义军闻讯纷纷来投，起义军的规模越来越大，实力越来越强。随后，窦建德在聊城大败宇文化及的军队，并将宇文化及等人斩杀。到了唐高祖武德二年（619），窦建德已经拥有了黄河以北的大部分地区，甚至可以与南边的王世充和关中的李渊相抗衡。

窦建德军在唐高祖武德四年（621）被秦王李世民的军队所灭，领袖窦建德也在长安被杀。

最后一支起义军是由江淮齐郡的杜伏威和辅公祏领导的。他们在山东齐郡起兵反隋，之后又率部南下来到了广阔的江淮地区发展自己的势力。

经历了重重阻碍，杜伏威的起义军一举攻占了历阳城（今安徽和县）和高邮等地，并开始威胁到了江都。大业十二年（616）七月，杜伏威率军来到了江都，隋朝立刻派大将陈棱率兵迎击。面对这种局面，杜伏威率精兵大败隋军。

同前两支起义军一样，杜伏威也建立了自己的农民政权，杜伏威任总管之职，辅公祏则任长史。隋炀帝在江都被宇文化及所杀后，杜伏威部也出现了内部分化，最后，在武德五年（622）杜伏威投降了唐高祖李渊。辅公祏则继续坚持战斗，后被唐军所灭。

除了农民起义军，隋末的战乱还滋生了不少从隋朝政权中分裂出来的力量，其中比较有影响力的是李渊的太原军、王世充的洛阳军和宇文化及的江都军。这三支力量都对隋朝的灭亡和唐朝的建立产生了直接的影响。

## 折在高句丽的铁杖

隋之亡，亡于征高句丽。

隋文帝勤于国事、宵衣旰食，给杨广留下了一个相对富足的国家，然而富裕的国库却给隋炀帝的东征西讨、穷兵黩武创造了条件。一直向往成为千古之帝的杨广心中一直有着一个伟大的理想，就是超过武功显赫、创造大汉盛世的汉武帝刘彻。于是在他即位之初，就开始了一系列针对隋朝周边各国的军事和外交活动。

这些活动包括大业元年（605）以突厥之兵突击契丹和南下攻打林邑（今越南中部）；大业三年（607）迎接突厥启民可汗来朝；收复西突厥；大败吐谷浑；等等。虽然，新帝即位之初应当与民休息，暂不言战，不过隋炀帝的这些军事外交活动对隋朝的发展也或多或少产生了一些积极的影响。而其后隋朝对高句丽发动的三次大战，却几乎使这个国家耗尽了所有的气力，更使隋炀帝众叛亲离，也使看似繁盛一时的大隋江山的崩塌和灭亡触手可及。

当时在朝鲜半岛上分布着三个国家，分别是百济、新罗和高句丽。高句丽位于朝鲜半岛的北部，是朝鲜半岛上实力最强的国家。

东征的命令下达之后，全国上下都开始为即将到来的战争忙碌起来。为了扩充水军，朝廷在东莱（今山东莱州）海口督造了三百艘战船，其他如兵车、战车等更是数不胜数。隋炀帝更是在淮河和长江以南征集了弓箭手三万人、突击手五万人，还将洛口仓和黎阳仓的粮食调到涿郡以备战争之需。为了准备这次大战，隋炀帝可谓是倾尽全国之力。

当时为远征高句丽备战的民夫由于长期没日没夜地为朝廷赶制战船，死亡率极高，几乎达到了百分之四十。所以不少民夫都忍受不了，四处流亡，这些人也成为后来农民起义的一部分力量。

大业八年（612），隋朝百万大军在涿郡聚集，二十四军分为左右两翼开始向辽东进发，直指平壤。经过重重阻碍，隋军顺利地对辽东城（今辽宁辽阳）形成了包围。高句丽虽然国力远远比不上隋朝，但还是坚守自己的城池，殊死抵抗。

此时，隋军的危机来了，粮草渐渐不够了。无奈，隋军只好向后撤退，以图再进。然而高句丽军在隋军支撑不住开始撤退之时，在清川江重击了隋军。毫无准备的隋军乱了阵脚，士兵四处逃散，一时间死伤无数。

大业八年（612）七月二十五日，隋炀帝回到了出发地——涿郡。隋朝大军在出征之时何止百万，最终回来的只有区区二千七百余人，初征辽东以惨败告终。

# 第二章 从唐公到唐皇

## “半仙”的力量

唐朝的开国皇帝——李渊也是北周贵族出身。他的祖父李虎是北周的八柱国之一。当年李虎和宇文泰等人一手创建了北周的天下，后被追封为唐国公。

在李渊的身上流淌着鲜卑族的血液，这股少数民族血液来自他的母亲，也就是北周贵族独孤信的女儿独孤氏。

李渊幼年丧父，7岁时，他便承袭了父亲唐国公的爵位。当时有个叫史世良的人，十分善于摸骨相面。他曾在给李渊相面之后，对他说道：“公骨法非常，必为人主。愿自爱，勿忘鄙言。”

隋文帝代周建隋之后，年轻的李渊得以进入宫廷担任隋炀帝的近侍，即当时所说的千牛备身，任务是保护隋文帝的安全。

隋文帝的独孤皇后与李渊的母亲是亲姐妹，因此她对这个外甥十分喜爱，也因此李渊和杨氏家族的感情很深。凭借着和隋朝皇室的深厚关系及自身拥有的才华，李渊的仕途一直都走得比较顺利，很快就得到了朝廷的器重。

在担任千牛备身的几年时间内，李渊的表现尚佳，于是隋文帝决定派他到地方去历练历练，以便增长才干，更好地为国家效力。离开了京城的李渊先后担任过谯州刺史、陇州刺史和岐州刺史等官职。李渊性格豁达，对人也十分和善，他为官所到之处，百姓都交口称赞。他又喜欢广交朋友，结纳豪杰，因此朝野上下都对他赞叹不已。

隋炀帝在出征高句丽之时，还将督运粮草的重担交给了时任卫尉少卿的李渊。隋炀帝二征高句丽时，杨玄感在黎阳起兵叛乱，李渊遂奉命在弘化郡担任留守并掌管着关右诸军，此时的他也开始逐渐掌握了一些兵权。

连年的暴政使得隋末农民起义爆发，天下大乱，也让隋炀帝对自己的统治越来越力不从心。再加上年龄的增长和四起的流言，他的猜忌心越来越重。李浑一家被灭之后，隋炀帝的目光便转移到了其他的李姓贵族身上，这中间，当然包括在外地做官的李渊。

其实，李渊也逐渐感觉到了隋炀帝对自己的猜忌。为了打消隋炀帝心中的怀疑，他开始纵情声色，酗酒、受贿、游荡于青楼楚馆之间，竭力地掩盖自己的真实行为。不仅如此，李渊还收集了众多的钱财和珍贵的玩物，不停地向隋炀帝进献。隋炀帝遂认为李渊不过就是个酒色之徒，根本不会对自己造成多大的威胁，不必太过担心。

顺利逃过一劫的李渊从此迎来了他的春天，因为隋炀帝对他的怀疑慢慢减淡，他的官运更加亨通。大业十一年（615），李渊奉朝廷之命前往山西，成功镇压当地的农民起义，他也因此官至右骁卫大将军并太原道抚慰大使。

李渊在隋朝末年为稳定河东的局势做出了非常大的贡献，河东地区一直以来都是受到突厥威胁较为严重的地区，而且突厥的骑兵勇猛善战、居无定所，实在不好对付。通过多次观察，根据突厥人的生活习惯和作战特点，李渊也逐步制订了属于自己的作战方案。他在自己的部队中挑选出了许多长于骑射的士兵，模仿突厥骑兵在边境巡视。这些骑兵在李渊的授意下只在边境策马游猎，遇到突厥的骑兵也不主动出击。突厥骑兵见到如此情况，反而不敢轻举妄动。

大业十三年（617），这一年可以说是李家和杨家命运开始发生逆转的年份。就是在这一年，李渊被任命为太原留守。而此时，农民起义的战火已经在各地点燃，各地的有识之士都纷纷举起大旗反

抗隋炀帝的暴虐统治，隋朝的统治已经是日薄西山。而李渊，也即将在隋末的历史上翻开属于自己的一页，在这乱世风云中焕发出夺目的光彩。

## 造反与等死，请自由选择

晋阳兵变是以李渊为首的政治军事集团一手策划并执行的一场反对隋朝暴虐统治的军事政变。在这次兵变中，核心人物毫无疑问是当时的唐国公李渊，而李世民等其他人则是重要的参与者和执行者。从李渊前期用自秽的方法掩饰自己的真实意图，积极地和各方的英雄豪杰结交等行为来看，这场兵变可谓是“蓄谋已久”。事实上，这场兵变真正的导火索是马邑郡的一次兵败，正是经历了这场兵败，李渊才感到危机正在一步步向他逼近，于是他终于下定决心起兵反隋。

大业十三年（617），盘踞在晋阳北边的突厥突然来犯，不久之后便围攻了马邑郡。听到消息后的李渊即刻命部下高君雅和王仁恭率军前去抵抗。但不幸的是，高君雅和王仁恭因违背了李渊的作战方案，被突厥军打得惨败。马邑郡战败的消息传到江都，隋炀帝闻讯后大怒，立刻下令逮捕李渊和王仁恭，押送江都问罪。

听到隋炀帝要缉拿自己，李渊一时间惊慌失措。按照隋朝的律例，将领一旦打了败仗是要受到处罚的，但李渊担心的是隋炀帝会借这个机会处死自己。隋炀帝杨广的疑心病本来就很重，再加上时下“杨氏将灭，李氏将兴”的谶语广为流传，不久前李浑一家的惨死就是前车之鉴。

正是因为如此，李世民和裴寂等人都力劝李渊起兵反隋。李渊深以为然，于是决定起兵。

但此时横亘在李渊面前的还有两个人，那就是副留守王威和高君雅。这两个人与其说是李渊的部下，不如说是隋炀帝派来监视李渊的两个间谍，如果起兵大计被他二人知道，后果将不堪设想。

更让李渊苦恼的是，凭借自己手下的兵力想要起兵反隋远远不够，但想要在王威和高君雅眼皮底下公开征兵等于是直接宣布了自己要谋反。正在李渊绞尽脑汁的时候，一个叫刘武周的人出现在了李渊的视线之中。

刘武周，骁勇善战，在东征时立下战功因而被升为建节校尉，后回到了马邑郡，在郡长王仁恭的府上担任鹰扬府校尉。时逢乱世，天下有识之士都希望借此机会成就一番事业，刘武周当然也不例外。

大业十三年（617）二月八日，为了给自己的起义军准备充足的粮食，刘武周斩杀了自己的上司王仁恭，带人洗劫了马邑郡的粮仓。随后刘武周又下令广开粮仓，救济马邑郡的穷苦百姓。

就在李渊为如何征兵绞尽脑汁的时候，刘武周“适时”地攻占了汾阳宫，这下李渊征兵就有了理由。得知汾阳宫被占领的消息之后，李渊马上找来了部下王威和高君雅商量对策。情况危急，王威、高君雅便欣然同意了李渊征兵的意见。

经过了王、高二人的同意，李渊马上派出李世民和刘文静等人到各地征兵。因为李渊素来爱民，在当地的声望颇高，十几天内，就有数万人前来应征。李渊将召来的这些将士安排在太原的兴国寺内，并命自己的亲信刘弘基和长孙顺德统领这支部队。

李渊也知道纸包不住火，起兵大计迟早有一天会被高君雅和王威发现，到时候后果无法想象。因此，除了加快准备起兵，李渊还马不停蹄地催回了在河东郡的李建成兄弟和在大兴的女婿柴绍帮助自己成就大业。

## 李渊的算计

经过李渊、李世民、刘文静等人的不懈努力，到了这一年的五月份，起义兵马的召集已经取得了很大的进展。而王、高二人也觉察到了李渊等人的“不轨”行为，他们决定在晋阳祠祈雨的时候将

李渊等人抓捕起来。

得知消息后的李渊决定先下手为强。李渊等人还是像往常一样在太原府的衙门里办公，一切都十分平静。就在此时，刘文静和开阳府司马刘政会慌慌张张地走进了衙门，声称有要事要向李渊禀报。李渊故作镇定，让王威去接状纸，但刘正会却说这份状纸只能让李渊一人看。李渊假装诧异地接过状纸，打开一看，却是举报王威和高君雅暗中勾结突厥。历朝历代，勾结外敌都是不赦的死罪，李渊看过状纸后大怒，下令将他们二人马上逮捕起来，投入监狱等待判决。

高君雅此刻才得知自己的计划被暴露。逮捕了二人之后，李渊马上下令告知晋阳城中的百姓，说副留守王威和高君雅通敌叛国，突厥人不日就要来攻打晋阳城。李渊还命李世民率兵封锁了晋阳城内的所有街道，一时间，整个晋阳都沉浸在一种恐怖而又肃杀的氛围之中。

在这个万分凶险的时刻，两天之后，数万突厥部队像预料好的一样冲向了太原。

这一刻，所有人都相信是王威和高君雅投敌叛国。突厥兵一来，李渊就立刻下令将“叛贼”王威和高君雅斩首示众。

李渊下令将晋阳城所有的城门都打开，静静地等待着突厥兵的到来。不出李渊所料，突厥的军队看到晋阳城城门大开，便怀疑城中有诈，都不肯轻易进城。虽然突厥军队不敢进城，但也没有就此罢休，而是驻扎在城外并且不时地派骑兵前来巡视。

“空城计”虽然唬住了突厥人，但时间一久，必然会被识破。李渊便下令全军在夜间秘密地离开晋阳城，到了第二天，晋阳城的军队又高举战旗浩浩荡荡地回到了城中。不知情的突厥人还以为是隋朝派来的援军到了，便无可奈何地退兵了。危机解除了，不到半个月，李建成、柴绍等人也火速赶到了晋阳。

此时李渊还要面对一个巨大的问题，那就是盘踞在附近的东突厥。如果现在起兵，李渊必然在抵抗隋朝军队的同时还要顾忌突厥势力，这样两面作战是非常不利的。为了安抚突厥，起义军内部领导阶层经过商议，做出了一个重要的决定，那就是结盟。

决定和东突厥结盟之后，李渊马上给始毕可汗送去了一封亲笔书写的信函。这封信函用语十分恭敬。李渊在信中称愿意和对方结为姻亲，并将给始毕可汗献上大批金银珠宝，条件是始毕可汗同意他起兵去江都迎隋炀帝回大兴。

看到李渊的来函，始毕可汗大喜过望，并且非常支持李渊自己称帝，而不是按李渊的说法将隋炀帝从江都接回大兴，但条件是李渊必须像刘武周一样向自己称臣。

此时此刻，李渊又一次展现了他的政治智慧，他并非不想称帝，但是一旦过早称帝，便要向突厥称臣，这必然会受到天下人的责难。

接下来，李渊便和始毕可汗商议，放弃迎回隋炀帝的计划，但是他不称帝，而是拥立皇孙杨侑为皇帝，遥尊隋炀帝为太上皇。盟约达成之后，李渊便派出刘文静出使，向始毕可汗借兵。

兵马已经准备齐全，李渊定下了“尊隋”的旗号，并制定了几条基本策略。到此为止，中国历史上著名的晋阳起兵已经缓缓地拉开了它的帷幕。

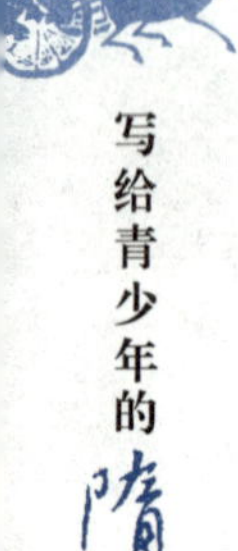

## 晋阳兵变：大业的开端

大业十三年（617），起兵诸事都已经准备妥当。六月五日，李渊宣布在晋阳起兵并向太原各个郡县发布了公告，历数了隋炀帝的诸多罪状，并声称自己要拯救天下万民于水火之中。自此，晋阳起兵正式开始，李家父子也即将踏上建立千古伟业的历史征程。

西河郡是太原的大郡，也是太原通往长安的重要通道。面对西河郡的公然反抗，李渊命李建成、李世民等人率兵攻打。西河郡在仅仅五天的时间就被气势高昂的李家军攻破了，为了稳定民心，李世民只下令处斩了西河郡郡丞高德儒，并没有伤害到其他无辜的百姓。

西河郡一役，李家军向天下展现了自己的风范，他们是“清君侧”的仁义之师。西河郡大胜的消息传来，李渊本人也十分赞赏李世民的做法。

六月十四日，李渊宣布在太原成立大将军府，自己任大将军，封刘文静为司马，裴寂为长史。随后李渊又下令成立三军，封世子李建成为陇西公，左领军大都督，统领左三统军；次子李世民为敦煌公，右领军大都督，统领右三统军；剩下的中军则由自己领导；随后又封李元吉为太原郡守，命他留守太原，稳定后方。至此，李唐王朝的政治军事机构可以说是初步形成了。

事情发展到了这里，晋阳起兵已经打下了非常稳固的基础，接下来要做的就是一步步向长安挺进了。一路势如破竹，到达龙门之后，李渊下令将手下的军队分为两部分，由主力部队渡过黄河夺取关中，另一支军队由此向河东进发阻击驻扎在那里的隋朝大将屈突通的部队。兵分两路后，李渊马上率主力部队向河东进发，并在这里顺利地渡过了黄河。与此同时，王长谐和刘弘基的部队也夺下了韩城，并南下切断了蒲津桥。渡过黄河之后，李渊马上率部占领了永丰仓等官仓，而此时万年、醴泉等地的官员都表示愿意归降于他。不仅如此，听闻唐国公兵至，不少豪强子弟、江湖英雄都纷纷来投，李家军一时间又壮大了不少。

旗开得胜的李渊决定一鼓作气，直捣长安。他下令，命世子李建成率军驻扎在永丰仓，守住潼关这个咽喉。李世民等人则率大军由高陵、泾阳、武功、鄠县等地一路向长安进发。更为喜人的是，在行军的过程中，前来投奔的官民数不胜数，到了泾阳，部队人数已经达到了九万人。在这之后，李世民等人的军队又和李神通及后来的平阳公主的“娘子军”汇合，声势更加浩大。

十一月，万事已然具备，李渊下令大军攻城。自从隋炀帝离开长安后，城中本来就守备不足，再加上李家诸军士气昂扬，不日就拿下了长安城，阴世师、骨仪等人被杀。此时，镇守在河东的屈突通闻得长安城破，即刻下令驻扎在河东的隋军向洛阳撤退。然而这一切都在李渊的预料之中，屈突通部在撤退的过程中遭到了刘文静所率部队的围追堵截，被刘文静所俘，押解到长安。到达长安之后，李渊认为他是个将才，将他任命为兵部尚书。

夺取长安之后，十二月，李渊又派人去巴蜀之地招降。按照起义一开始制定的“尊隋”的旗号，李渊在取得了以长安为中心的大片疆土后并没有直接称帝，而是拥立了当时的代王杨侑为帝，并遥尊远在江都的隋炀帝为太上皇。傀儡皇帝杨侑在李渊的扶持下登基后，改大业十三年（617）为义宁元年，而关中，从此就掌控在了李渊手中。

## 皇帝旅游遇事故

就在李渊率军在中原驰骋并一举攻下了长安之时，隋炀帝杨广还在江都过着他那风花雪月的日子。

大业十二年（616），经历了三次东征的失败和惨痛的雁门之围，原来野心勃勃的隋炀帝逐渐对自己、对朝政都失去了信心。七月，江都为皇帝巡游新打造的龙舟运达了洛阳。面对混乱萎靡的朝政，隋炀帝不顾后果地下令离开东都洛阳，第三次巡游江都。

在离开洛阳之前，隋炀帝命年仅12岁的皇孙杨侑留守大兴，13岁的皇孙杨侗留守洛阳。如果说前两次的巡游杨广是为了满足内心的奢欲，那这一次巡游江都可谓是避难之举，颇带些仓皇的意味。大兴和洛阳已经不属于他，而他即将要去的江都，将要成为他的葬身之所。

大业十三年（617），长安城被破的消息很快便传到江都，一时间整个江都人心惶惶。

为了能在江都长久地生活下去，隋炀帝下令在丹阳（今江苏南京）修建宫殿，以图在江东建立据点，偏安一方，继续做他的皇帝。江都可以说是隋炀帝的发迹之地，他对这个地方有相当深刻的感情，但隋炀帝的随从和将士们大多为关中人士，对家乡甚是思

念，对于隋炀帝留在江东的决定，他们十分不满，逐渐心生怨恨，更有不少将士悄悄地逃离了江都。

眼看着天下大乱，皇帝还整日享乐无度，隋炀帝的爱将司马德戡与直阁裴虔、舍人元敏、虎贲郎将元礼等人也都密谋逃离江都。但他们在夜间商议出逃之事的时候无意间被萧后的宫女听见。宫女将司马德戡等人将欲谋反的消息告诉了萧皇后，而萧皇后为了使消息不外泄，下令将宫女处死了。之后，不止一人向萧皇后告知此事，萧皇后叹道："你们告知我又有何用呢？事已至此，谁也无法力挽狂澜，救陛下于水火，如今说这些也只是徒增伤悲和烦恼罢了。"

参与密谋叛乱的赵行枢、杨士览和当时的将作少监宇文智及交情甚笃，遂将此事告知了他。但宇文智及并不十分赞同他们的做法，他认为当今皇帝虽然无道，但擅自逃走也不是上策，他认为在如今的混乱局面下只有将欲叛逃者召集起来，起兵建立帝王之业才是长久之计。赵行枢、司马德戡等人也十分赞同他的看法，并推举宇文智及和宇文化及两兄弟为首，带领他们起事。

司马德戡等人在军中散布消息说隋炀帝已得知众将士预谋叛逃，已经为他们准备好了毒酒，要将他们全部赐死。听了这个消息，无论是参与叛逃计划的还是没有参与此事的人都非常恐慌，大家议论纷纷，都觉得与其牺牲自己给隋炀帝陪葬还不如将昏君杀死，共建伟业。

隋炀帝死后，萧皇后和宫人将他的尸体装入用床板做的棺材里，草草地埋葬了，后来他的灵柩又被迁至多处。相传，因为隋炀帝生前倒行逆施，作恶太多，他的棺木所葬之处，必是电闪雷鸣之地。而且因为无人打理，隋炀帝的墓地渐渐被荒草掩盖，直到清朝嘉庆年间才在雷塘附近被发现。

隋炀帝一死，历时三十八年的隋朝统治宣告结束了。这对于此时身在长安的李渊来说，是他称帝的机会到来了。

其实，早在扶持杨侑当上傀儡皇帝的那天开始，李渊就在为自己代隋立唐做准备。他在长安城宣布废除隋炀帝的苛政酷法，使得民心归于李氏。他虽尊杨侑为皇帝，但长安城的一切大权都由他掌控，他的长子李建成也被封为唐王世子，李世民和李元吉则也分别被封为秦国公和齐国公。

三月，江都发生兵变，隋炀帝被杀，宇文化及等人拥立杨浩为帝，王世充在洛阳拥立杨侗为帝，如此一来，李渊改朝换代就有了合理的借口。

同年四月，杨侑下诏退位，将帝位禅让给李渊，但李渊以“要慎重考虑”为由拒绝了这次的禅位。后来，又有“东海十八子，八井唤三军，手持双白雀，头上戴紫云”的谶语传出，暗示李渊才是天下真正的主人。再加上裴寂等人的再三劝谏，李渊终于答应顺应天命，登基称帝。

义宁二年（618）五月二十日，李渊在太极殿称帝建国，国号为唐，改元武德，是为唐高祖。李氏家族就这样在隋末的乱世风云中建立了属于自己的政权，而等待着李渊和他的唐朝的，将会是一场更为严峻的考验。

## 杨花谢了李花开

大业十一年（615）的三月五日，隋朝的历史上发生了一件大事，明公李穆后人李浑一家被满门抄斩。而这一切的起因都是因为一句谶语——“杨氏将灭，李氏将兴”。

这句谶语的来源是一个梦，相传早在隋文帝时期，杨坚就曾在梦中梦到大兴城被洪水淹没，随后便决定在原来的长安城旁另选新址营造都城。解梦之人认为梦中的洪水有象征意义，于是名字里带水的人便开始被怀疑是要夺取杨家天下之人。

也有一说是这场梦是隋炀帝所做，梦的内容却不尽相同。在隋炀帝的梦中，也是大水以滔天之势冲向了都城。当整个长安都变成汪洋大海之时，只有栽种在城头的三棵李树安然无恙，并且树上果实累累，生机盎然。术士分析说，李姓之人将祸乱天下。

无论这个梦是谁做的，在这个梦中都有两个关键点，一是李姓之人，二是人名之中有水的人。

明公李穆是隋朝的开国功臣。当年李穆助隋文帝建国，被隋文帝封为司徒，一门上下都受到了皇帝的恩宠。从某种程度上可以说是这个曾经让人羡慕的爵位毁了李浑一家。

李穆死后，他的爵位没有传给儿子，而是传给了嫡孙李筠，这让身为叔父的李浑十分不满。他在表面上忍气吞声，暗中却与另一个侄子李善衡联手杀了李筠并嫁祸给了别人。

然而李穆的子嗣众多，李筠死了，爵位的继承者也不一定是李浑。急于想获得爵位的李浑想到了隋炀帝身边的红人，自己的妹夫——宇文述。李浑许诺：一旦自己继承了爵位，他将把李家每年田赋的一半作为报答送给宇文述。

李浑在隋炀帝的支持下如愿以偿获得了爵位，他也如约每年都将许诺给宇文述的钱财送到宇文述府上。但几年之后，李浑却违反诺言。此时李浑的地位已经今非昔比，宇文述虽然对他的举动怒火中烧，但却敢怒不敢言。

而在此时，“李氏将兴”的流言传出，宇文述趁机对皇帝暗示，李浑的名字中带水，而且李家的孙子李敏小名叫洪儿，也带有水字，李浑如今担任着右骁卫大将军之职，位高权重，一旦谋反，后果不堪设想。

本来就猜忌心重的隋炀帝坐不住了，很快就将李浑一家以“意欲谋反”之罪抓了起来，并灭了门。

此时，身在外地的李渊身为李姓之人也在“杨氏将灭，李氏将兴”的流言中感觉到了不安，对隋炀帝的警惕心也提高了不少。

第二卷

# 一统天下

# 第一章 锋不可当的大唐马刀

## 风云迭起，李氏并不孤独

公元618年是隋末唐初历史上的一个重要转折点，随着隋炀帝被杀，在全国马上就新生了两个隋朝政权，分别是江都的杨浩（由宇文化及等拥立）和洛阳的杨侗（由王世充拥立）。再加上之前由李渊拥立的杨侑，此时在中华大地上共有三个隋朝政权。

虽然李渊、宇文化及、王世充等人无不十分渴望推翻隋王朝，建立一个属于自己的天下，但却都迟迟不肯行动，只是打着“尊隋”的幌子，扶植一个傀儡皇帝，自己甘于隐藏在幕后。

隋炀帝一死，李渊首先看清楚了大势所趋，他并不想把自己卷入一场毫无意义的争夺隋室正统地位的争斗中去，所以就马上称帝。

事实上，唐政权在刚建立时只不过是一方割据势力，在当时并没有受到天下人的认同。对于一个新生政权来说，李唐王朝仍然潜藏着许多危机。就在李渊称帝的同年九月，宇文化及在魏州自立为王，建立了许国，改元天寿。在这之后，盘踞洛阳的王世充也自己当上了皇帝，国号郑，改元开明。

除了上述两个和李唐政权一样是先依靠拥立隋朝皇室，其后再建立政权的割据势力，这一时期，全国各地建立了大大小小、数不胜数的政权。在这些新生政权中，较为重要的有以下几个。

魏：前身是翟让所领导的瓦岗寨，后由李密统领，建立魏国，年号永平，都巩（今河南巩义）。

秦：薛举父子于大业十三年（617）在陇右建立，国号秦，年号

秦兴。建都金城，后迁都天水（今甘肃天水）。

凉：由甘肃人李轨于唐武德元年（618）建立，年号安乐，史称大凉。

定杨：河间刘武周于大业十三年（618）在马邑起兵，杀太守王仁恭后投靠突厥。突厥可汗封其为“定杨可汗”。后刘武周称帝，成为西北地区较大的割据势力。

夏：窦建德于大业十四年（618）建立，国号夏，年号五凤，定都乐寿。

梁：兰陵人萧铣所建，国号梁，改元鸣凤，雄踞南方。

此外，还有杜伏威建立的楚，李子通在江都建立的吴，林士弘在豫章建立的楚，梁师都在陕西建立的梁，刘黑闼在洺州建立的汉，徐元朗建立的鲁，以及辅公祏在丹阳建立的宋，等等。

从上面列举的各个政权来看，隋末可谓是政权林立，而李唐政权也不过只是其中之一而已。面对这种格局混乱、群雄逐鹿的复杂形势，对于雄心勃勃的李氏家族来说，统一战争势在必行。然而隋失其鹿，各派势力都凭借着自身的力量在这个乱世中获得了属于自己的地位，李渊想要统一又谈何容易。

当时李唐政权所在的关中地区是全国政治经济的中心，而且地势险要，宜守宜攻，战略位置十分重要。所以，为了统一大业顺利进行，先稳定关中，逐步发展自己的势力是首要之务。再加上对全国各方势力的深入研究，李渊等人认为必须先消除西北面的势力，这样才能建立稳固的后方，日后再图南下，一统天下。

凭借自身的势力和手下的精兵良将，这场统一大战前前后后共历时七年。李唐政权最终也得以在这个混乱的格局中脱颖而出，基本统一了全国，再现了一个大帝国的风云盛世。

## 打扫干净后院

根据既定的先西北、再中原、后江南的统一策略，唐高祖李渊的目光首先落在了盘踞在陇右（今甘肃天水一带）的薛举父子的身上。

薛举原本是金城府的校尉，家业雄厚，而他本人又喜结交当地的英雄豪杰，在当地也算得上是赫赫有名。大业十三年（617），陇山以西爆发了声势浩大的农民起义。四月，校尉薛举奉命率兵前去征讨暴乱的农民军，但一直野心勃勃的他途中却和儿子薛仁杲等人商议，趁机劫持金城令郝瑗，率众举兵反隋。薛举父子起兵之后，将金城的官员全部囚禁起来，并下令开仓放粮，救济穷苦的百姓，尽收民心。

其后，薛举自封为西秦霸王，改元秦兴，建立了薛秦政权。之后他又陆续攻占了西平、浇河等地，陇西之地几乎是尽收薛氏囊中。

就在此时，李渊的唐军攻占长安还不到一个月，还没有站稳脚跟，薛仁杲就奉命亲率十万秦军围攻扶风，想和李渊相抗以争夺天下。李世民大败敌军。扶风一战，大大挫败了薛举的锐气，也有效地巩固了新生的李氏政权。

武德元年（618）五月，李渊在长安称帝建立了唐王朝。六月，薛举就率兵进入了泾州，随后又经过豳州和岐州一代，直逼高墌（今陕西长武北部）。唐高祖命秦王李世民为西讨元帅，率八路大军前往高墌抗击秦军，随行的还有当时的长史刘文静和司马殷开山。

唐朝此时刚建立不久，已经拥有了关中、山西和巴蜀的广大地区，同时又占有了长安府库和永丰粮仓，军械粮草等储备十分充足。从兵力、财力等各个方面来看，唐军的实力都远远超过了薛举的秦军。

相比之下，薛举父子所在的陇右地区既是隋朝的牧监所在之地，又是当年隋朝防御突厥和吐谷浑来袭的重要阵地。这里民风彪悍，人人善骑射，尚武之气十分浓厚，因此秦军内骁勇善战之士颇多，且薛举父子自己也是猛将。

但陇右地区民族成分复杂，各地区之间的矛盾十分尖锐。再者，此地人口稀疏，粮草等战略储备不够充足，因此秦军根本承担不了长期抗战，只能选择速战速决。

李世民深知对方的情况，知道薛举想快速出击，尽快解决战斗。为了“以己之长，攻彼之短”，李世民在率领大军到达高墌之后，便下令军队就地驻扎并开始修建战壕，加强防御工事，并没有和薛举的军队展开正面交锋，希望以此拖垮后勤补给不充足的薛举的军队。不巧的是，李世民来到高墌之后不久便感染了严重的风寒，不能再指挥军队作战，于是他便将军队暂时托付给了部下刘文静和殷开山。

但殷开山和刘文静贸然领兵出战，八路大军损失了近一半，将领刘弘基、慕容罗睺等人也被薛举俘获。无奈之下，李世民只得下令大军退守长安。第一次的征薛之举就以唐军的惨败而告终了。

唐武德元年（618）八月，大获全胜的薛举想乘胜追击，一举攻占长安。但在大军出征前，薛举却一病而亡。薛举的猝死，沉重地打击了秦军高昂的士气，李唐政权也因此获得了一个喘息的机会。但薛仁杲即位后不久，便继承了父亲的遗志，率兵攻打陇州，长安城一时面临着严峻的考验。

眼见秦军虎视眈眈，李渊遂命李世民为大元帅，再次出兵攻打薛仁杲。九月，李世民又一次率军出征，面对薛仁杲的多次挑战，李世民坚持闭门不出。

两军僵持长达两个月之久。到了十一月，薛仁杲的军队已经出现了内部分化。见时机成熟，李世民于是命部将梁实率军驻扎在浅水原，伺机引薛仁杲出战。

看到久久不动的李世民终于派梁实在浅水原驻扎，薛仁杲按捺不住了，他即刻派大将宗罗睺率领秦军的精锐部队在浅水原猛攻梁实。遵照李世民的指示，唐军虽然是人马断水数日，但梁实依旧坚守不出。趁敌军疲乏之际，大将庞玉率军在浅水原之南严阵以待。待宗罗睺再来之时，唐军从天而降，斩秦军首数千级，将宗罗睺打得大败而逃。李世民率两千精兵乘胜追击，在泾水南岸和秦军相遇，对方将领浑干在阵前倒戈降唐。

李世民见薛仁杲退兵城内，遂率军围城。薛仁杲见大势已去，只得献城降唐，并将手中万余将士都交归于唐。自此，薛秦政权覆灭，唐王朝夺回了秦、陇两地，可以说唐朝关中西面的威胁已经消除了一大部分。

## 瓦岗寨的故事

瓦岗寨，在那个战乱纷飞的年代，多少英雄豪杰聚集在此，为了心中共同的理想：杀豪强、除恶霸、拯救苍生，建立太平盛世。

翟让时期的瓦岗军只是一支锄强扶弱的农民起义军，没有明确的政治目标和前进的道路规划。

大业十二年（616）十月，李密的到来使瓦岗军发生了质的变化。经过了一系列的抗争，在李密的领导下瓦岗军日益壮大，李密也因此获得了较高的威望。大业十三年（617）二月，李密在翟让等人的推举下，成为瓦岗寨的新领袖。

就在瓦岗寨的鼎盛时期，李密做出了一个错误的决定，正是这个决定让这支起义军从团结走向了分裂，从昌盛走向了末路。而这个让瓦岗军从此走上下坡路的决定就是，李密没有听从谋士柴孝和先进攻长安的建议，而是固执地要先攻下洛阳城然后再图进取。

洛阳城是隋朝的中心城市，城池坚固，而且隋朝在这里驻有重兵。从九月份开始，李密的军队就和王世充的十万联军隔水相对。而就在此时，李渊已经率领着他的部队朝长安进发。

在与王世充的交战中，李密的瓦岗军是胜少败多，几次大战之后，损失十分惨重，连谋士柴孝和也在一次夜战中落水身亡。

就在这场拉锯战进行得如火如荼的时候，瓦岗寨的内部发生了混乱。这场内部分裂的发起者就是瓦岗寨的创始者，瓦岗军曾经的领袖——翟让。但就在翟让还没有采取行动的时候，他意图取代李密的消息已经通过各种途径传到了李密的耳中，于是李密先下手为

强，将翟让和他的亲信们一网打尽。

这场内乱虽然以李密的绝对胜利而告终，但在这之后，李密的部下们已经逐渐与李密离心离德。

大业十三年（617）的十二月，李密和王世充在洛水边进行了一场决战，结果王世充大败，退回了洛阳城，再也不肯出战。此时的瓦岗军虽然接连取得了胜利，但如此漫长的作战过程使得将士们的士气大减。就在双方僵持不下的时候，一个人的出现打破了此时的尴尬局面，这个就是宇文化及。

宇文化及在江都发动兵变谋杀了隋炀帝后便马上率军西归，一步步地向洛阳逼来。而在此时，王世充已经拥立了越王杨侗为帝，在洛阳城内建起了自己的小朝廷。来势汹汹的宇文化及让杨侗等人十分惊恐，在这种危急的时刻，他们决定先放弃和李密的斗争，转而希望双方能够联合起来抵抗宇文化及。

李密率瓦岗军在童山和宇文化及大战了一天一夜，最终以李密的胜利结束了斗争。

但此时，王世充已经发动政变夺去了大权，李密只能返回自己的驻地。对峙虽然还在继续，但双方的实力已经发生了巨大的逆转。在九月的偃师大战中，瓦岗军一败涂地，再也无力继续和王世充抗争。

离开了洛阳，李密和王伯当无路可走，无奈之下只得率领残部投了李渊。李渊对前来投诚的李密相当客气，封他为光禄卿，并赐予他邢国公的爵位。然而，不久之后，李密渐渐萌发了叛离的想法。

李密主动向李渊请命前往关东招抚自己原来的部下，李渊一开始并没有对他的请求产生怀疑，于是便派王伯当和他一同前往。但等到李密到达稠桑驿的时候，李渊好像突然感觉到了不安，于是马上派使者去将李密等人召回。

李密见朝廷派来了使者，大为恐慌，以为自己的形迹已经败露。被逼到绝境的李密一不做二不休将李渊派来的使者杀死，率军前去投靠了伊州刺史张善相，想重新起兵。但当李密逃至熊耳山的时候，就被唐朝的将领盛彦师斩杀，王伯当也没能逃过此劫。

从李密一生的经历来看，不得不承认他是个不可多得的人才。他带领着瓦岗军在隋朝末年创造了一个奇迹，一个让无数后人回想起来都为之动容的奇迹。

## 谁都挡不住我

王世充颇为好学，对于兵法尤为喜爱，是个城府很深又有权谋之人。而且他文笔也颇为出众，对律法相当精通，可以说是个文武全才。

早在隋文帝时期，王世充便开始在禁军之中崭露头角，很快就升任为兵部员外郎。隋炀帝即位之后，因为镇压起义有功，王世充很快便取得了隋炀帝的信任，随后升为江都通守。隋炀帝死后，天下无主，王世充便在洛阳拥立越王杨侗为帝，改元皇泰。王世充则被封为郑国公，和段达、元文都、皇甫无逸等七个人并称为“七贵”，煊赫一时。其后，王世充和李密展开了殊死决斗，后又发动政变，剪除异己，夺取了杨侗的帝位，成为洛阳城的最高统治者。

当上皇帝之后的王世充趁着唐军在关东和窦建德交战的时候，占领了李唐在河南的部分领土，中原地区转眼变成了王世充的天下。

武德三年（620）五月，秦王李世民在平定了刘武周之后回到了长安，而等待他的是又一场激战。七月，李渊命李世民率大军前去洛阳攻打王世充，这一战非常关键，如果能够击败王世充夺取洛阳城，统一中原就指日可待了。

七月，李世民已经兵至新安。王世充闻讯，马上派出他的兄弟子侄等嫡系部队分别在洛阳五城和外围的襄阳、怀州、虎牢等要塞驻扎，而他自己则率领三万精兵来抵抗李世民的进攻。不久之后，唐军就包围了慈涧。王世充闻讯马上率兵前来解围。

这一战打得十分艰苦，李世民几乎是和王世充的部队正面交锋，第二天，唐军终于以绝对优势攻克了慈涧，王世充则率兵退回

了洛阳城内。见王世充退去，李世民马上率领大军围攻洛阳城。李世民深知洛阳城池坚固又是王世充囤重兵之地，短时间内难以攻下。于是他决定先攻占洛阳周围的城市，扫清外围之后再将洛阳城一举拿下。

确定了作战的基本方针，李世民马上派出行军总管史万宝进军龙门，行军总管刘德威进军河内，右武卫将军王君廓到洛口切断敌军的粮道，他自己则亲率主力军驻扎在北邙山。经过七个月艰苦的外围作战，唐军先后攻占了龙门、洛口等军事要地，同时也切断了王世充的粮道和外援。在这些外围战斗中，唐军胜多败少，导致王世充辖内数十个州县纷纷主动降唐。

在唐军的紧逼之下，洛阳城几乎成为一座孤城，城中粮食短缺，闹起了严重的饥荒。无奈之下，王世充只得派出使者向窦建德求援。此时，在黄河流域除了李渊和王世充所建立的政权，还盘踞着另外一股力量，那就是窦建德建立的夏朝，这三方在中原地区形成了三足鼎立的局势。

所谓“唇亡齿寒”，早在去年的十一月，窦建德的中书舍人刘彬就向他建议，应联合王世充抗击李唐，以免在唐灭郑后威胁到自身的安全，然后再伺机灭了王世充，夺取天下。

听得洛阳城被围，窦建德立即率领十余万大军前去营救王世充，在攻克了管州、荥阳等地后，驻扎在了成皋以东。为了“毕其功于一役”，将王世充和窦建德一网打尽，李世民接受了刺史郭孝恪等人的建议，决定兵分两路，命齐王李元吉和大将屈突通率军继续守在洛阳城下，他自己则率领三千余精兵前往虎牢阻击窦建德的援军。

窦建德和李世民相持将近一个月，败多胜少，更为严峻的是，后方运送军粮的通道也被唐军截断了。由于粮草日渐减少，将士思归，眼见军心就要涣散，思考良久之后，窦建德决定在唐军粮草将尽之时，乘其牧马之机袭击虎牢。然而，他的计划很快就被李世民知晓。

次日，窦建德率大军从板渚出发，被早早埋伏在那的唐军袭击，一时溃不成军，大败而逃。李世民率军乘胜追击，斩杀三千余人并俘虏了包括窦建德在内的五万人马。闻得窦建德战败，王世充自知再也无力和唐朝对抗。在李世民大军凯旋洛阳之后，王世充便率领部下主动降唐。

这场战争从武德三年（620）开始到结束，前后历时近十个月，可以说是唐朝初期统一战争中规模最大一次的战役。这场战役最终以李唐政权的绝对胜利而告终。

## 摸着石头过河

作为唐朝的奠基人，李渊的历史功绩应该被充分肯定，也许他的功绩会被儿子的光环掩盖，但是李世民的许多政绩是在李渊的基础上发展创造的。

费正清说：“唐王朝在高祖统治下胜利地建成了政治、经济和军事等制度。它们不仅成了唐代的标志，在许多方面继续深深地影响了直至20世纪的中国的文明，并且还为受中国深刻影响的东亚新兴诸国——日本、朝鲜和越南——提供了基本制度的样板。”

李渊在唐初的改革可以说是从各个方面进行的，他意识到为了使国家的各项大事都能有条不紊地进行，首先应该建立一个行之有效的中央政府。唐朝中央政府的基本结构承袭了隋代所用的三省制度，并逐步被合理化，每一省的职能都得到明确的分工。

在知人善任方面，李渊做得相当不错，他曾经说过：“隋末天下大乱，皇帝无道，朝廷官员互相蒙蔽，臣下谄媚奸佞之徒不断。如今朕要拨乱反正，志向在于安邦定国。当初身处乱世，平定叛乱要用武将，现在守城治国要靠文臣。只有文武并用，使不同的人各尽其才，国家才能兴盛，我们才能安枕无忧。”从李渊对于用人的这番议论中可以看出，他对于选才治国还是有自己独到的见解的。

文武并用之外，他还不计前嫌，不论是过去隋朝的官吏还是前朝皇室后裔，只要是有才之人，他都愿意任用。

上层建筑需要依靠强有力的经济基础，唐朝建立之初最重要的就是“休养生息”，因此，在建立中央机构的同时，李渊也很重视对全国土地制度的恢复和改革。唐高祖时期，国家恢复了北魏时期建立的均田制。

均田制和租庸调制的颁行使得农民都安心于生产，国家税收有了充分的保证，社会也变得更加稳定。因此唐初农业、商业各种经济恢复发展得都很顺利，人口数量也急剧上升，国力与日俱增。

从太原起兵开始，李渊就展示出了他让人惊叹的政治才华和军事才能。唐朝建立后，他更是目光远大，锐意进取，给大唐盛世打下坚实的基础，使整个唐朝得以延续百年，让人充满了无数的遐想和追忆。

# 第二章 兄弟之血铺就登基之路

## 不要迷恋哥，哥不是传说

在唐朝发生的众多大事件中，“玄武门之变”可以说是重中之重。这场事变是唐朝的一个转折点，让人们又一次清楚地看到了皇室内部为争夺权势而表现出来的血腥和冷酷。

太子李建成真的如众人所说是个毫无治国才能的人吗？他和高祖李渊以及齐王李元吉在这场事变中究竟扮演了什么样的角色？天之骄子李世民是如何从一个青涩少年逐渐成长为一位独步古今的帝王？

高祖李渊子嗣颇丰，前前后后共有二十二个儿子。在这众多的后代之中，前四个儿子都是正妻窦氏所生，分别是李建成、李世民、李玄霸、李元吉。李玄霸在少年时期就已经去世，所以真正陪伴在李渊身边帮他打下大唐江山的是李建成、李世民和李元吉这三个儿子。

出生在陕西武功的李世民，4岁的时候跟随父亲李渊来到了岐州。在这里，李世民父子二人遇见了一个善于摸骨看相的人。这个相士一看到李渊便对他说：“公是贵人，且有贵子。”当他看到年仅4岁的李世民时，大为震惊，称他有“龙凤之资，天日之表”，并预言这个孩子到20岁的时候必定能够造福苍生，“济世安民”，这便是“世民”这个名字的由来。

后来李世民迎娶了当时声名显赫的长孙晟的女儿为妻（即后来的长孙皇后），这为他后来的政治生涯加分不少。长居于河南洛阳的长孙家族是北魏皇族拓跋氏的后人，后来才改姓长孙。这个家族人才辈出，出过不少忠臣良将。从政治角度来看，李世民和长孙氏的结合可以说是门当户对。长孙氏的哥哥长孙无忌后来成为李世民集团的核心人物之一，而她本人自小也是知书达理，在李世民统治期间内悉心辅佐李世民，是一位贤内助。

所谓“自古英雄出少年”，不出世人所料，李世民在少年时期便展现出非凡的才能。他喜爱读书，写得一笔好字，自小又爱好武艺，骑射俱佳，十几岁的时候便能领兵打仗。早在隋炀帝在雁门被围的时候，李世民就参加了勤王的队伍，并有过不俗的表现。

晋阳起兵是李唐王朝的开端，李世民在这场兵变中更是起到了不可或缺的作用。唐朝建立之后，年纪轻轻的李世民便因为自己的赫赫功勋被拜为尚书令和右武侯大将军，并被封为秦王。封王之后的李世民并没有安于享乐，而是又马不停蹄地投入统一全国的战争中去了。

击败窦建德，迫降王世充之后，李世民率大军返回长安。凯旋之军声势浩大，身穿金甲的李世民率领一万铁骑和三万武士浩浩荡荡回到了长安。一时间，秦王李世民的威名遍传天下，世人大有知秦王而不知皇上、太子之势。

在这些战争之中，李世民展现了他惊人的军事智慧，运筹帷幄，征战沙场，他无不亲力亲为。再加上他善于从失败之中吸取教训，心理素质也极强，天赋加上实践使他逐渐成长为一名成熟的将领，更引领他缔造出了唐朝建立之初的军事神话，谱写了一场激动人心的《秦王破阵乐》。

李世民颇为世人称道的军事天才也是后人认为他具备帝王之资的一大因素。首先，他有极其敏锐的战略头脑，善于运筹帷幄，从全局出发，准确地找出突破点并掌握先机。其次，他处事冷静，设想周全，但下命令却极其果断，一旦认定之后便坚持不懈，有极强的忍耐力，且对各种突发状况都应对自如。最后，他对“知己知彼，百战不殆”这一准则有很深刻的了解，大战之前善于观察，以

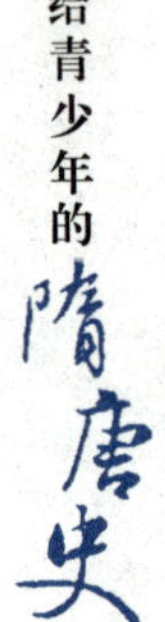

己之长攻彼之短，常常能取得意想不到的效果。

在晋阳起兵之时和李唐王朝建立之初，李氏政权需要整个家族共同出力维持，因此李家父子之间相处得也比较和睦，并无什么争执。也正是因为他们能够同心同德，李唐政权才能够在隋末政权林立的局面中脱颖而出。但当他们一步步走向成功的时候，却因为权力分配不均，父子兄弟之间产生了矛盾和裂痕。

## 再逼我，就把你吃掉

在李渊的所有儿子当中，李建成是嫡长子，根据中国古代皇家“立嫡立长”的继承原则，李建成是皇太子的不二人选。所以在唐朝建立之初，李建成就被立为太子，成为国家的储君。当然，李建成之所以能被立为太子，不仅仅是因为他的嫡长子身份，更是因为他在唐朝开国的一系列战争中立下的功劳，这些战功固然比不上李世民，但也足够使他名副其实地享有皇太子的荣耀。

武德二年（619）的时候，太子李建成就开始感受到了李世民给自己带来的无形的压力。魏徵也很明确地对李建成说过：“秦王功盖天下，中外归心。”所以，他对秦王集团的防范和猜忌之心也与日俱增，每日惴惴不安。

秦王集团的势力一天天壮大起来，李建成感受到的威胁也与日俱增。于是他想尽一切办法扩充自己的实力，以此来和弟弟李世民相对抗。李世民最大的优势就是立下战功无数，而李建成除了在建国前率兵出战过，建国后就一直留在都城，很少有出外的机会，因此留守多年的李建成也希望多立战功来压制李世民。

武德五年（622）十一月，窦建德原来的部下刘黑闼为了给死去的君主报仇，于是举兵反唐。这是一个绝佳的机会，当时的太子洗马魏徵和太子中允王珪都建议李建成率军前去平叛。

这次出征，李建成不仅大获全胜，给自己争得了荣誉。更重要的是他的“亲民”政策使他在河北地区获得了很高的声望，很多人才都投归到他的门下，当时的幽州总管罗艺就在其中。

罗艺是隋朝旧臣，武艺高超且英勇善战，在隋朝任虎贲郎将一职。隋末天下大乱，群雄四起，罗艺在当时声名显赫。武德三年（620），已经拥有了涿郡一带的罗艺归顺了唐朝，高祖大喜过望，封他为燕王并赐李姓。在征讨刘黑闼叛军的时候，罗艺立下了汗马功劳，后来便留在长安做了左翊卫大将军。

投归太子门下的罗艺后来奉李建成之命私下调遣幽州三百骑兵来保卫东宫。李建成这么做的目的很明确，一是为了保护自己的生命安全，二是为了扩充东宫集团的军事实力。这件事很快就被人告发，李建成也受到了严厉的惩罚。但高祖的谴责并没有阻止李建成招兵买马的脚步，他还在全国各地招募了两千余人驻守在长林门。这些卫士以保卫东宫为己任，号称长林兵。

为了给自己的集团增加实力，李建成还拉拢了自己的弟弟——齐王李元吉。李元吉是窦皇后所生的小儿子，和李建成、李世民是同父同母的亲兄弟。李元吉武功卓越，能“力敌十夫”，在跟随其兄李世民前去洛阳征讨王世充之时，就有过出色的表现。

当时，由于窦建德援军的到来，李世民在攻打洛阳城的时候采取的是“兵分两路”的策略。由他亲率精锐部队前去虎牢阻击窦建德的部队，而将围攻东都洛阳的使命交给了弟弟李元吉。李世民率军离开洛阳城后，“世充出兵拒战，元吉设伏击破之，斩首八百级，生擒其大将乐仁昉、甲士千余人”。因为他在洛阳的出色表现，李世民才摆脱了后顾之忧，顺利地攻克了窦建德的大军。这一年，李元吉才只有19岁。

后来，李元吉还参加了平定刘黑闼的战役，在李世民回长安之后，剩下的扫清残余势力的任务也是李元吉率军完成的。虽然说李元吉为人有些骄傲放纵，但高祖对他还是十分喜爱的，也并没有因此疏远他。

那么，李元吉为什么要接受李建成的邀请加入太子集团呢？

首先，李建成是嫡长子又已经被立为太子，继承皇位只是时间

问题。而李元吉排行第四，继承皇位的可能性可以说是微乎其微。眼见两位兄长为争夺权位闹得不可开交，身为皇子的李元吉既然无法置身事外，就只得选择一面为未来继续的资本。

其次，太子和齐王的联合还有某种程度上的情感因素，那就是李元吉和长兄的关系较好。李世民为人较为严厉，甚至有些苛刻，而李元吉为人比较放纵。再加上他曾经在太原弃城而逃，这也是他军事生涯中最为失败的记录，这件事一直让他耿耿于怀，害怕李世民登基后会因此为难他。而李建成为人比较宽厚，比较容易相处。

其实，和李世民一样，李建成最后决定以武力解决这场争斗也是经过了苦苦挣扎的。从单纯的自卫逐渐发展到对兄弟的图穷匕见，这一过程中李世民和李建成大概都充满了无奈和不安吧。

## 帝王与父亲的抉择

在唐高祖李渊的内心深处到底是希望谁最终来继承他的江山呢？这个问题似乎连他自己都弄不清楚，就是因为这样，他才在这两个儿子之间左右摇摆，犹豫不决，最终从侧面导致了这场兄弟残杀的悲剧。

建国伊始，唐高祖就将太子之位立定，这可以说是一个十分明智的举动。确立皇位继承人一方面可以巩固刚刚建立不久的政权，另一方面也可以阻止子嗣之间为争夺储君之位而发生流血事件。虽然高祖的出发点是好的，但这只是他的一厢情愿，历史上太子被夺权而不得善终的例子数不胜数，前朝的太子杨勇就是前车之鉴。

事实上，唐高祖对于李建成这个太子花费了很多的心血。在军事和政治各个方面，唐高祖都给予太子最大的鼓励和帮助。

而次子李世民则是众多儿子中的佼佼者。这个儿子自小就聪慧过人且志向远大，神采非凡又气度宽宏，而且累立战功、威名赫赫，李渊对这个儿子也十分喜爱。

不能另立太子，又不能解决掉儿子们之间的矛盾。从李世民的角度来看，父亲这样摇摆不定的态度一度给了他从正途获得皇位的希望，然而最后却归于失望，这使得他内心的躁动和不甘与日俱增。而从太子李建成的角度来看，父皇摇摆的态度使得他的危机感越来越强，自我保护的意识逐渐向畸形发展，于是发动东宫集团不惜一切代价中伤和陷害李世民。

唐高祖虽然欣赏李世民的才华但又厌恶他与日俱增的气度，所以后来唐高祖越来越倾向于李建成和李元吉，同时用各种方式削弱和打压李世民的势力。早在武德二年（619），唐高祖李渊就以莫须有的罪名冤杀了开国功臣刘文静。刘文静的死是李世民父子关系开始发生质变的一个转折点。由于刘文静和李世民关系密切，因此李渊其实是想借斩杀刘文静一事打压李世民的气势，旁敲侧击地警告他不要对皇位有觊觎之心，目的也是希望他们兄弟之间不要发生像杨勇杨广那样骨肉相残的惨剧。但李渊的态度依旧比较模糊。

如果说，李世民在前期扩展势力的行为或许有一种自我保护的成分在内，那么在刘文静死后，他才真正认识到，如果他不设法获得最高权力，等待着他的将会是任人宰割的命运。

李建成、李世民兄弟之间的斗争李渊都看在眼里，而对于这些祸起萧墙、兄弟相残的斗争，李渊采取了听之任之的态度，既不鼓励也不阻止。

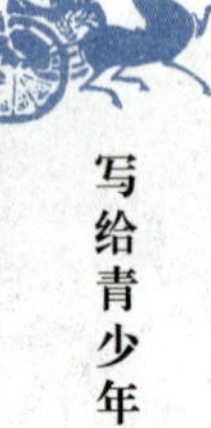

高祖李渊这样模糊不清的态度让李建成和李世民的关系越来越恶化，后来经过李建成等人的多方“引导”，李渊越来越觉得李世民图谋不轨，对自己的皇位是个极大的威胁。他甚至怀疑李世民和突厥勾结，想要谋权篡位。玄武门之变前夕，李渊几乎完全倒向了太子一边。他听从了李建成和李元吉的话，准备将李世民逮捕入狱。但此时李世民的势力已经蔓延到了整个朝廷，满朝文武有不少和他交好的人，宰相陈叔达就是其中之一。

听说高祖要下令逮捕秦王，陈叔达马上上书劝谏说，李世民对唐朝建立有盖世之功。高祖马上放弃了这个计划。

从这些事件来看，唐高祖对斗争双方的态度从维持两者平衡转

向了倒向太子集团，但他在这个过程中又充满了犹疑，多次在李建成和李世民两方中摇摆不定。

唐高祖一方面希望自己的儿子们德才兼备，但作为一个皇帝，他又不能容忍儿子的才能超过自己从而给自己造成威胁。李世民才能出众又颇为张扬，可以说是“功高震主”，正好犯了高祖的忌讳。所以李渊对这个儿子既依赖又猜忌，这也是他最后偏向李建成集团的根本原因。

唐高祖时期的储位之争虽然是李世民和李建成几个兄弟的内部抗争，但是作为父亲的李渊在这场血腥争斗中有着不可推卸的责任。多种因素的交织使得太子和秦王两派的斗争愈演愈烈，矛盾既然不能调和，就只得以武力这种血腥残忍的方式来解决了。

## 兄弟相争，秦王登极

玄武门位于长安太极宫的北部，是皇亲国戚和众臣们进入皇宫的必经之地。关于玄武门在当时的重要地位，陈寅恪先生曾有评论：“玄武门在唐代多次政变中均处于关键地位，谁能控制它，就容易在军事上处于优势，取得胜利，因此乃兵家必争之地。”

武德九年（626）六月四日，唐高祖召太子李建成、齐王李元吉入宫，准备着手调查他二人是否如秦王所说在后宫有淫乱之事。后世有人认为李世民举报太子和齐王淫秽后宫其实是调虎离山之计，是为将二人调离东宫，在玄武门将其射杀。而就在李建成和李元吉准备入宫之前，李世民已带领长孙无忌、尉迟敬德、张公谨、公孙武达、刘师立、杜君绰等人早早埋伏在了玄武门，等待着他们二人到来。

当天，毫无防备的李建成和李元吉像往常一样，骑着马从玄武门入宫。当一行人走到临湖殿的时候，觉得情况有些异常，立刻准备退回东宫，但为时已晚。李世民已经在此等候多时，见状便纵马而出，追了上去。

眼见李世民追了上来，骑着马的李元吉回过头来张弓就射，但此时他内心十分惊慌，根本定不住神，所以几次都没能射中。相比之下，李世民就沉着冷静得多，他一箭就将李建成射下马来。这时，秦王府的伏兵尽出，李元吉寡不敌众，也在乱箭中摔下马来。

就在玄武门发生惨案之时，完全不知情的唐高祖还在宫中和宰相们泛舟，准备稍后审理太子等人淫乱后宫之事。当他看见身穿铠甲、手持长矛前来的尉迟敬德时大吃一惊，才知道出了大事。唐高祖问发生了什么事，尉迟敬德禀报道："太子和齐王作乱犯上，秦王已经举兵诛之，现在特地派臣前来保护陛下的安全。"杀了李建成和李元吉之后，唐高祖是李世民最顾忌的人，他派尉迟敬德前来，表面上说是为了保护唐高祖的安全，其实是一不做二不休，索性逼宫篡位。

高祖听了尉迟敬德的禀报，便问此时在旁的裴寂和陈叔达等人："朕不曾想会发生今天这样的事，现在该如何是好？"陈叔达和萧瑀都说："建成和元吉二人本是无义之人，又无功于天下。他们嫉妒秦王的功德，共为奸谋。如今秦王已经将他们除去，更是天下归心。陛下如果立他为太子，将国事交与他就无事了。"见朝中重臣都已倒向李世民，唐高祖终于明白局面已经不是自己能够控制的了，言不由衷地表示同意。

随后尉迟敬德又以长安城中现在还未恢复正常为由，请高祖将长安城的兵马都交由李世民指挥。高祖只得将兵权交了出去，并命天策府司马宇文士及当众宣读这一旨意，遣散了东宫的将士。

"覆巢之下，焉有完卵"，就在李建成死后不久，他的五个儿子无一例外都被处死，就连李元吉的后人也全部被杀。

生在皇室家族是李氏兄弟的幸运，同时也是他们的悲哀。他们虽然是地位尊贵的皇子，但却时时刻刻都在处心积虑地与自己的手足争夺，从来没有享受到兄弟之情的温暖。

三天之后，李世民因救社稷有功被立为皇太子，而秦王府的官员们也是一人得道鸡犬升天，被封官赏赐。除了立李世民为太子的

诏书，唐高祖还颁布了一道诏令，主动将所有国家大事的处理权都交给了李世民。

八月初八，李世民在东宫显德殿即皇帝位，成为大唐王朝的第二位君主，是为唐太宗。

玄武门之变，李世民胜利了。但这个“弑兄挟父”的罪名终究不太光彩，而且这个问题就像一块挥之不去的阴影笼罩在李世民的心头，久久不肯散去。

## 瀛洲主人李世民

李世民南征北战、功勋赫赫，他每攻占一个地方，最为关心的不是争夺金银财宝，而是寻访各地的能人志士。房玄龄在唐朝大军进入长安之前就开始为李世民效力，作为李世民的第一谋士，他自然是收揽人才这件大事的重要参与者。

天下既定，海内渐平，李世民便将发展势力的重心由武转文。他开设了文学馆，号称“秦王府十八学士”的杜如晦、房玄龄、虞世南等人都是文学馆里的学士。

当时的士大夫都以能进入文学馆为荣，倘若一朝得中就称之为“登瀛洲”，“瀛洲”是古代传说中的升仙之地，以此意喻能进入文学馆即能成仙。

杜如晦本是秦王府的王府兵曹参军，后被擢升为陕州长史。李世民的谋士房玄龄得知此事后便对他说：“其他的人都不足为惜，但是杜如晦这个人是辅佐天子的人才。您想要经营四方，少了杜如晦是万万不可的。”李世民听了房玄龄的话，马上上奏要求将杜如晦留在秦王府继续担任王府兵曹参军，将他留在了自己身边。

除了招揽人才，李世民还十分注重收买人心。不仅如此，他还将潼关和崤山以东黄河中下游流域的人才大量收归自己帐下，后来太子李建成说秦王身边的多是“山东”人士，原因也是在此。

既然洛阳的民心已经尽归李世民所有，他遂决定在洛阳建立自己的根据地。回到长安之后的李世民为了稳住洛阳的局势，先是派了自己麾下的隋朝降将屈突通回洛阳镇守，其后又派了与自

己关系亲密的温大雅前往监守。在朝廷方面，李世民也费尽心机结交了很多重臣，例如当时的宰相陈叔达便是其一。李世民这么做对自己的政治前途有很大的帮助，陈叔达后来也的确在关键时刻救了李世民一命。

经过多年的苦心经营，李世民终于培养出了属于自己的强大的势力集团。这个集团以房玄龄、杜如晦、长孙无忌、高士廉和尉迟敬德为核心，包括于志宁、孔颖达等文臣以及侯君集、秦叔宝、程知节等武将在内的大批人才。

# 第三章 托起盛世羽翼的风

## 君臣的一段理想“婚姻”

贞观之治的出现，使得整个国家政清国晏，四海升平，百姓安居乐业。在这个后世无法企及的治世高峰之上，有着后世帝王的楷模——唐太宗李世民，也有着一大批绽放炫目光芒的名臣。正是因为有了这些德才兼备的大臣们的辅佐，才有了大唐盛世不朽的传奇。而魏徵作为其中的佼佼者，也和唐太宗一起青史留名，享受后世人的赞誉。

魏徵，字玄成，祖籍巨鹿，后移居相州内黄。魏徵自幼家境贫寒，迫于生计，早早就出家做了道士。魏徵喜好读书，在道观之中，悉心学习了各种典籍，尤其精通纵横之术。

魏徵早年追随过李密、窦建德、李建成等不同的主公，但都能够做到对于每一个现任主公都忠心耿耿，这也是难能可贵的。在魏徵一生之中，有两个人对他有过知遇之恩，一位是高祖的太子李建成，一位是唐太宗李世民。而对于这两个人，魏徵也用自己的实际行动来报答了他们。

李建成是魏徵的第一个知己，对当年落魄不得志的魏徵倾心相待、礼遇有加，这让魏徵十分感动。为了报答李建成对他的知遇之恩，作为东宫集团的核心人物，魏徵在武德年间的皇位争夺中给李建成出了不少主意。例如，主动请征刘黑闼的建议就是他提出来的，李建成也正因此获得了战功并且收获了河北地区的民心。

魏徵还一直建议李建成采取极端手段，置李世民于死地，但没

有被采纳。如此说来，唐太宗本应对于魏徵恨之入骨，但是为什么他在玄武门之变之后并没有诛杀魏徵呢？一方面是由于唐太宗听取了尉迟敬德大赦的建议，而另一方面也是由于魏徵的名声，以及他在面对唐太宗时不卑不亢的态度，使唐太宗起了爱才之心。

唐太宗有两个优点，一是他善于从前人的过失之中吸取教训；二是他知人善任、开明大度，能够听得进臣下的劝告，因此魏徵才得以在贞观朝如鱼得水，既完成了自己的政治理想，也为“致君尧舜上”尽了自己的努力，报答了唐太宗的知遇之恩。

对于魏徵，唐太宗给出了很高的评价：“贞观以来，尽心于我，进献忠言，安国利民，犯颜直谏，纠正我过失者，唯魏徵而已。”魏徵对唐太宗也很感激：“陛下引导臣言，臣才敢言。若陛下不接受臣言，臣岂敢逆龙鳞，触忌讳。”君臣相得之情油然可见。

除了直言不讳，魏徵进谏还有一个特点，就是十分坚持，只要他认为自己意见是正确的，就一定要劝服皇帝接纳。

魏徵这个人还特别注重公平正义，平生最不喜人受冤屈，就连他自己也不例外。因为唐太宗对魏徵宠爱有加，使得朝中不少人都心生妒忌，于是便有人冤枉魏徵以权谋私，包庇自己的亲朋好友。唐太宗听说这件事后，便命御史大夫温彦博前去调查这件事。但温彦博一向和魏徵不合，就借此机会对唐太宗言道：“魏徵身为朝廷重臣，却不知检点。即使此时查无证据，魏徵也应受到处罚，让他自己反省一下。”

听了温彦博的话，唐太宗也没有多加考虑就在朝堂之上，当着众臣的面指责了魏徵。魏徵觉得这件事本来就是子虚乌有，皇帝这么处理根本是有失公允，他便直言道：“据臣所知，君臣本应同心同德，互为一体才是。彼此之间最重要的是以诚相待，如果只是纠结于一些无谓的小事，每天考虑避嫌，那么国家怎么能治理的好呢？”

唐太宗听言后思虑甚久，魏徵又说：“希望陛下能让我做良臣，而不要做忠臣。”唐太宗不解，魏徵便解释道：“良臣自身就有美名，而他所辅佐的君王也是功勋卓著，青史留名；至于忠臣，则因为犯上而引来杀身之祸，杀他的皇帝也落得个昏庸无道的骂名。”这番话让唐太宗感触良多，也让他心中对魏徵的敬意又增加了一分。

人们之所以一提到唐太宗和贞观之治就想起魏徵，是因为魏徵在贞观年间扮演了一个重要的角色，就是无时无刻不在督促着唐太宗向一个贤明的君主发展。就连唐太宗本人也称赞魏徵为“良工”。

贞观十七年（643），魏徵因病辞世，唐太宗非常悲痛。他惋惜道：“人以铜为镜，可以正衣冠；以古为镜，可以知兴替；以人为镜，可以明得失。朕常保此三镜，以防己过。今魏徵殂世，遂亡一镜也。”

贞观十九年（645），唐太宗征辽东大败而还。此时，魏徵逝世已经两年多了，唐太宗感叹道：“倘若魏徵还在，他一定会阻止我征辽东，也不会有今日的惨败了。”

## 良相房玄龄

在唐太宗的众多文臣之中，除了魏徵，最为有名的就是房玄龄与杜如晦。中国有句著名的成语——“房谋杜断”，说的就是太宗时期的这两位才德兼备的宰相。不少人知道房玄龄，是因为那个著名的“吃醋”的典故，但事实上他的政治才能更加值得名垂千古。

房玄龄，名乔，自字玄龄（也有说名玄龄，字乔），乃齐州临淄人士。他自幼便遍读经史，对于书法和文章尤其擅长，史称有“倚马立成”之文才。凭借自身傲人的才华，房玄龄18岁就考取了齐州的进士，先后担任过羽骑尉、隰城尉等职位。

隋文帝开皇年间，天下太平，时人都说杨家的天下会世代相传。而房玄龄却偷偷地对父亲说道：“当今皇上无功无德，只是

靠夺取近亲的权力才获得了帝位。如今他不为子孙立长久之计，却将嫡庶混为一谈。现在看来虽然是天下太平，但灭亡之日也不久了。”

后来，房玄龄就成为唐太宗的得力助手，早在唐太宗还是秦王的时候，他就帮唐太宗出谋划策，处理政务，起草文书。房玄龄非常有智谋，很早就开始为秦王招揽人才、积蓄力量做准备。早年李世民经常出征在外，没有精力去各地收纳人才，房玄龄就替他将这些人网罗到秦王府。

在房玄龄的不懈努力之下，李世民身边聚集了一大批才华横溢且又忠肝义胆的人才。可以说，李世民之所以能够在武德年间和太子李建成一争高下，房玄龄的事前谋划功勋卓著。

因为房玄龄能力出众，于是便渐渐成为当年东宫集团的眼中钉，李建成和李元吉想尽各种办法在唐高祖面前中伤房玄龄。最后的结果是李建成终于如愿，房玄龄和杜如晦被双双逐出了秦王府。

但李建成没有想到的是，房玄龄和杜如晦对李世民的忠诚已经达到了可以为了李世民，甘冒奇险在玄武门之变的前夜潜入秦王府，与李世民谋划了第二天的大计。

玄武门之变成功之后，李世民得了天下，自然要论功行赏。房玄龄和长孙无忌等人被评为第一功，得到了最丰厚的恩赏。然而这样的结果引起了不少老臣的不满，其中就包括李世民的堂叔李神通，也就是后来的淮南王。他认为，他们这些老臣追随李世民多年，又为他出生入死，建立了卓越的功勋，到头来反而比不上房玄龄和杜如晦这些文臣。于是李世民向他解释道：“房玄龄就如同汉代时的萧何，运筹帷幄，有安定社稷之功。虽然他不曾亲征沙场，却在后方殚精竭虑，所以当居首功。”

唐太宗登基之后，由于当时的宰相班底都是高祖时期留下来的臣子，对于这些人，唐太宗并不十分信任，因此便采取了逐步更换的方法，用原来秦王府的官员们来代替他们。于是房玄龄以玄武门第一功臣的身份被擢升为宰相，进入了国家的最高机构。

当上中书令的房玄龄凭借自己出色的才华和丰富的经验，帮助唐太宗将国事治理得井井有条。因为他的出色表现，不久之后，就由他代长孙无忌为尚书左仆射，总理朝廷大事并兼修国史，身兼二职，十分辛劳。不过房玄龄的责任心很强，虽然中书令和尚书仆射的公务繁杂，但他处理任何事情时都是一丝不苟。为了保证各项事情都不出差错，他甚至为了公务废寝忘食。贞观十一年（637），房玄龄因劳苦功高被封为梁国公，十六年（642）又进司空，仍然掌管着朝政。

除了办事严谨、认真、有责任心，房玄龄为人也十分豁达，对人十分友善，众人都称他为“良相”。他对人不求全责备，对于别人的长处也不会心生妒忌，反而像是自己的优点一样的高兴，这也是他在武德年间能够和各类人都处好关系的一大原因。

正是因为有房玄龄这样优秀的臣子，唐太宗才得以将处理国事的重责大胆放心地分出去，也许正是因为房玄龄等人潜移默化的影响，唐太宗在成为一代明君的道路上才走得如此顺利。

正所谓“伴君如伴虎”，陪伴在君王左右，无论多么才华过人又小心谨慎，也无时无刻不处在危机之中。随着年龄的增长，房玄龄也逐渐意识到自己在宰相之位上任职太久，而且身体也逐年变差，不能像年轻时那样胜任这份沉重的工作。于此，房玄龄是非常明智的，为了免除“晚节不保”的危机，他找了个机会主动向唐太宗提出辞去宰相之职的请求。

房玄龄在临终之前也不忘国事，给唐太宗上了一道表，劝说他不要轻易出征高句丽。作为“凌烟阁二十四功臣”之一的房玄龄，因为不仅有谋国之功且有治国之才，得到的赞语是：“才兼藻翰，思入机神。当官励节，奉上忘身。”

## 一山二虎的幸福生活

所谓“唐代贤相，前有房杜，后有姚宋”，杜如晦是与房玄龄

并称的贞观名相。

杜如晦，字克明，生于京兆杜陵。他出身于官宦世家，他的曾祖杜皎和高祖杜徽都曾在北周为官，杜皎做过遂州刺史，杜徽则做过河内太守。而杜如晦的祖父杜果曾经官至隋朝的工部尚书，父亲杜吒为隋朝的昌州长史。

隋炀帝大业年间，杜如晦正当青春年少，当时的礼部侍郎高孝基看他才思机敏，便将他补为滏阳县尉。杜如晦官至宰相之后，为了感谢高孝基的知人之明为他立了一道神碑。

和房玄龄一样，杜如晦也算得上是唐太宗身边的老臣。早在唐太宗做秦王率军攻打长安之时，杜如晦就来到了当时已经闻名天下的李世民麾下。就在此时，高祖李渊发现了李世民不甘人下的野心，所以找了个机会将很多官员调离秦王府，以此来削弱李世民的势力，其中就包括杜如晦。

但一个人的适时出现阻止了杜如晦的离去，那就是深得李世民信任的房玄龄。房玄龄对杜如晦早有耳闻，他也非常欣赏杜如晦的才华。他对李世民说："王府之中虽然才华出众的僚属众多，但都不足惜。只有这个杜如晦，聪明机智又识大体，是王佐之才。如果秦王您想经营天下，非留下此人不可。"于是李世民便上奏高祖皇帝，将杜如晦留在了秦王府，继续担任兵曹参军一职。

武德元年（618），杜如晦随李世民出征讨伐陇右的薛举，大胜而还。回到长安后，唐高祖论功行赏，李世民被封为陕东道大行台，杜如晦则任大行台司勋郎中，并受封为建平县男爵，赏赐食邑三百户。随后，杜如晦又跟随李世民参加过唐初的多次统一大战，如平刘武周、王世充等。杜如晦才思敏捷，又善决断，李世民有他在旁，可谓是如虎添翼。而杜如晦也就此成为秦王幕僚中最得意的干练之人，扬名四海。

后来，由于秦王府和太子府的斗争，杜如晦被李建成和李元吉中伤，与房玄龄一起被逐出了秦王府。玄武门之变前夜，杜如晦冒着生命危险和房玄龄化妆成道士，潜入秦王府，帮助李世民筹划大计，事成之后，被立为首功。

贞观二年（628），杜如晦改任吏部上书，总监东宫兵马事。第二年又被擢升为尚书右仆射，负责管理官员的选拔，和宰相房玄龄同掌朝政，为太宗皇帝分忧解难。杜如晦每任一职，都会得到称职的赞誉，而且由于他决断自如，许多同僚都对他称赞有加。

杜如晦不仅文才和处事才能为人所称道，更加让人赞叹的是他和房玄龄亲密无间的合作关系。有道是“一山不容二虎”，房、杜二人同为宰相，却能相处和睦，互不嫉妒且无争斗之心，这一点在中国古代历史上极为少见。

房、杜二人各有所长，房玄龄擅长出谋划策，而杜如晦却擅长判断大势做出决断，所谓“房谋杜断”之说就是这样得来的。在处理国事的过程中，杜如晦和房玄龄取长补短，因此并称“房、杜”，被朝野上下称赞为良相。正是有了房、杜二人的悉心辅佐，贞观之治才得以迅速实现。有臣子如此，也算得上是唐太宗的福气了。

## 皇帝的大舅子也得有才

长孙无忌，字辅机，洛阳人士，是唐太宗皇后长孙氏的兄长。长孙无忌的祖上本不是长孙氏，而是鲜卑拓跋氏，他们这一支世代为官，“立功最多”，“为宗室之长”，所以就改姓为长孙氏。长孙无忌的七世祖长孙道生是魏朝开创者拓跋珪的手下大将，拓跋珪能够立国，长孙道生出力甚多，深得拓跋珪的信任和重用。北朝多变，历经北魏、东魏、西魏、北齐、北周，长孙氏却世代显赫，门第未衰，后来杨坚以隋代周，长孙无忌的父亲长孙晟就做了大隋的右骁卫将军。

长孙晟骁勇善战，精于骑射，“一箭双雕”的佳话就是从他那里传下来的。不过，这位被隋文帝倍加赞赏的猛将却是天不假年，所以长孙无忌自幼与妹妹在舅舅高士廉家里长大，受舅舅的影响很

深。长孙无忌年少时就与唐太宗相友善，妹妹与太宗结亲之后，两人的关系更是亲密无间。

长孙无忌陪伴唐太宗打下了江山又夺取了皇位，深得唐太宗的信任。在唐太宗还是太子之时，长孙无忌就被任命为左庶子，太宗登基之后，则升为左武侯大将军，后改任吏部尚书。

贞观五年（631），长孙无忌和房玄龄、杜如晦、尉迟敬德四人因劳苦功高，受到了每人一子受封郡公的恩赏。贞观七年（633），唐太宗下令封长孙无忌为司空。

长孙无忌推辞道："臣是外戚，如果再接受这样显赫的官职，恐怕会有人在背后议论陛下徇私情，有意照顾皇亲。"然而唐太宗对此却并不在意，反而劝慰他道："朕以才能赐官，如若是无才无德，就算是至亲朕也不会轻易授其要职，比如襄邑王李神符就是例子；但如果才德兼备，就算是旧有仇怨的人朕也不会放弃，对待魏徵就是如此。倘若朕因为你是皇后的兄长，只需要多赐给你金银财物就可以了，为什么要授予你如此重要的官职呢？"

听了太宗的话，长孙无忌最终还是接受了司空这一职位。唐太宗雅好诗书，还为此特作《威凤赋》一篇，追忆了当年打天下之艰难，并借此赞扬了长孙无忌的功勋。

长孙无忌没有辜负唐太宗的期望，在司空的职位上兢兢业业，后来因为他处事谨慎且不倚权霸势，于是改任他为司徒。贞观十一年（637），唐太宗命他与房玄龄等人一起修订《贞观律》。《贞观律》（即《唐律》）内容广泛且严谨，奉行的是"宽刑"的政策，是我国古代重要的法律典范之一。

长孙无忌虽与太宗关系密切，深体上意，但遇事也敢直言劝谏。贞观十一年（637），唐太宗下发了一道诏令，封荆州都督王元景在内的二十一位亲王以及长孙无忌在内的十四名功臣为世袭刺史。唐太宗之所以会有如此举动，是因为他希望效法周代的分封制度，但世易时移，分封制并不适合皇权集中的唐朝，因此魏徵、颜师古等大臣都曾多次上书劝谏过，但却没有收到成效。

唐太宗此令一出，太子左庶子于志宁和御史马周也上书力谏，太宗依然不听。长孙无忌得知以后，便让自己的儿媳长乐公主进宫求见皇上，传达他的意思，最终唐太宗理解了他的一番苦心，收回了诏令。贞观十七年（643），唐太宗选取了二十四位功臣，命人画了他们的图像放于凌烟阁中，称为“凌烟阁二十四功臣”，而长孙无忌位列第一。

## 请君暂上凌烟阁

纵观贞观一朝，人才济济，灿若星辰，其中又有极为突出的二十四人。贞观十七年（643），唐太宗命人画其图像陈于三清殿的凌烟阁之上，是为“凌烟阁二十四功臣”。这二十四位功臣的顺序依次是长孙无忌、李孝恭、杜如晦、魏徵、房玄龄、高士廉、尉迟敬德、李靖、萧瑀、段志玄、刘弘基、屈突通、殷开山、柴绍、长孙顺德、张亮、侯君集、张公瑾、程知节、虞世南、刘政会、唐俭、李勣、秦叔宝。

在这二十四位大臣之中，有一开始就为唐太宗效力的老臣如房玄龄、杜如晦等，有来自对手的旧臣如魏徵、尉迟敬德等，也有外戚如柴绍、长孙无忌、高士廉等。由此可以看出太宗用人，真可以说得上是“以才举官”“不拘一格”。

### 邳襄公长孙顺德

长孙顺德，是太宗皇后长孙氏的族叔，唐朝的开国功臣之一。隋炀帝时三征高句丽，为了躲避朝廷的兵役，长孙顺德逃到了太原，投靠了唐国公李渊。

在李唐王朝的开国战争中，长孙顺德屡建战功。其中较为突出的一次就是他随刘文静攻打隋朝大将屈突通。在这一战中，长孙顺德身先士卒，在桃林单枪匹马地活捉了屈突通。

唐朝建立之后，长孙顺德一直在秦王府效力，在玄武门之变后，还与秦叔宝一起征讨了李建成的残部。其后，被朝廷派遣到泽

州担任刺史，在泽州任上，他还曾大力整治了当地的官场风气。

### 申公高士廉

高士廉，名俭，太宗皇后长孙氏之舅，早年就已闻名遐迩。他的妹妹是长孙晟的夫人，也就是长孙无忌和长孙皇后的母亲。

隋炀帝出征高句丽时，大臣斛斯政叛国通敌，高士廉也被卷入其中，后被发配到交趾，直到唐武德年间才返回中原。其后，他便一直跟着外甥女婿李世民，成为秦王集团的核心人物之一。

贞观时期，高士廉因扣留黄门侍郎王珪密表一时被唐太宗降职位，外放到巴蜀之地任安州都督，后又转为益州大都督府长史。在任上，他表现出色，不仅爱民如子，还在当地兴修水利，发展农业，深受当地百姓的爱戴。唐太宗见他在当地政绩不凡，便下令将他调回长安担任吏部尚书一职。

唐人李贺在《南园》一诗中说："男儿何不带吴钩？收取关山五十州。请君暂上凌烟阁，若个书生万户侯？"说的就是这二十四位功臣之中的文臣。

### 胡壮公秦叔宝

秦叔宝，名琼，唐初名将，"凌烟阁二十四功臣"之一。秦叔宝虽在凌烟阁排名最后，但一部《隋唐演义》将其塑造得出神入化，那么真实的秦叔宝又是什么样的呢？

秦叔宝早年在隋朝大将来护儿麾下效力，后又转到张须陀门下，曾经跟随张须陀征讨过下邳的卢明月，并在此战中大展拳脚，立威扬名。后张须陀在荥阳战死，秦叔宝就收拾残部转投了隋将裴仁基，并受到了重用。

大业十三年（617）四月，裴仁基投降了瓦岗寨，秦叔宝也就成为李密手下的将领，李密不久后就被王世充击败。

王世充早就听说过秦叔宝的威名，于是便拜他为龙骧大将军。秦叔宝看不上王世充的为人，不久之后，他就转投到了李唐政权，并在秦王李世民手下任秦王府军马总管一职，随李世民辗转出征各地，建立了不少功勋。

### 鄂公尉迟敬德

尉迟敬德，一根长矛使得出神入化，天下闻名，很得李世民的信重，后随李世民征讨王世充、窦建德等人，连战连胜，建有奇功。

尉迟敬德的功劳还不仅如此，当初李建成和李世民为太子之位发生争斗，李建成深知尉迟敬德是李世民的左膀右臂，便意欲收买他，收买不成又想谋害于他。但无论是在金银还是在死亡面前，尉迟敬德都不为所动。

玄武门之变前夜，是尉迟敬德“逼迫”犹豫不决的李世民下定决心，并一箭射死李元吉，在关键时刻救了李世民的性命，并砍下李建成、李元吉的首级，使东宫武士缴械投降。

### 卫公李靖

李靖，原名李药师，是个文武全才。他是隋末名将韩擒虎的外甥，在隋朝的时候就已初露头角，归顺唐军后，便一直在秦王李世民麾下效力。

李靖在唐初收复江南的萧铣等战役中立过大功，后又在西北击破颉利可汗的突厥大军，其后破吐谷浑，功勋卓著。高祖李渊非常欣赏他的才能，曾赞他：“韩信、白起、卫青、霍去病等名将皆不能相比。”

## 难的是一辈子做明君

唐太宗并非圣贤，身上也存在着很多缺点。这些缺点在他晚年的时候都一一暴露出来。

唐太宗在晚年暴露的两个最大的缺点就是奢侈靡费和不喜臣下进谏。早期的唐太宗生活非常简朴，但这个良好的品质却没能一直保持下去，开始过起奢侈的生活来。就连他自己也认识到了这一点，希望李治能够引以为戒，不要再这方面效仿他。

贞观晚期，唐太宗下旨在洛阳修建了宫苑，还在此地修建了元圃苑和飞山宫。不仅如此，为了在各地游兴方便，他还在各地都修建了行宫，例如西山有襄城宫、关中有汤泉宫，等等。这些宫殿在当时耗费了不少人力物力，使得当地人民的徭役加重了不少。

不过晚年的唐太宗虽然向往着奢侈的生活，但他也没有太过放纵自己，而是将享受尽量控制在自己和国家可以承受的范围之内。在唐太宗的遗嘱中他还特意提到要停止一切营造活动并要求丧事从简，可见他也清楚地知道太过奢靡只会给国家带来难以挽回的恶果。

贞观初期，唐朝的政治基础还不够稳定，唐太宗为了将国家治理得更好，做到了一个普通的君王几乎无法做到的事情，那就是从谏如流，任人唯贤。但随着时间的推移，他到了后期就开始日渐骄纵起来，朝中甚至出现了“正人不得尽其言，大臣莫能与之争”的现象。

贞观十七年（643），魏徵辞世，朝廷上下的谏言就愈发地减少了。唐太宗或许也感觉到了这种现象，于是便将群臣召来希望他们能指出他的过失并提出建议。长孙无忌等人也知道太宗此时已经不能像往常一样虚心纳谏了，于是便奉承太宗说他并没有什么过失。

贞观十七年（643），因为皇子之间争斗，唐太宗已经是精力憔悴。再加上征讨高句丽之战的失败，唐太宗大病了一场。大病之后，唐太宗的身体状况一直都不好，可以说是每况愈下。为了延续自己的寿命，唐太宗不仅服用了许多本国术士练就的丹药，还服用过天竺人的丹药，但都收效甚微。

唐太宗死于贞观二十三年（649）五月，死后葬于昭陵。这位开创了大唐盛世的君王在武德九年（626）因玄武门之变登上皇位，其在位共二十三年，文治武功，千古罕有。

第三卷

# 女主临朝

# 第一章 从尼姑到皇后的心路历程

## 一个乳名引发的血案

武则天进宫后，赐号武媚，封为五品才人，但毕竟她年龄太小了，此后太宗也就没怎么注意她。究竟才人处于哪个级别呢？当时皇帝有一后、四妃、九嫔、九婕妤、四美人、五才人、八十一御女。

在这等级森严的后宫金字塔中，才人处于中下层，如此消磨岁月，只能让年华老去，而武则天一出场就注定不是一个安分的女人。于是就有了后来武则天亲口讲述的狮子骢事件。

狮子骢是一匹烈马的名字，它长得高大凶猛，没人能驯服得了。唐太宗十分喜欢驯马，但也拿狮子骢无可奈何。有一天，他带着妃嫔观马，武则天也在其中，所有的人看到狮子骢都发出唏嘘之声，没谁敢上前驯马。这时，武才人毛遂自荐说自己能驯服这匹马。不过，需要皇上赐她铁鞭、铁锤、匕首三样东西。

唐太宗疑惑地问，这三样东西都不是驯马用具，你要它们做什么？武才人回答说先用铁鞭抽打马，如果它不温顺下来，那就用铁锤敲它的脑袋，再不行的话，就用匕首杀了它。太宗看着这个美貌如花的小姑娘，却从她口中听到如此凶狠之策，不禁毛骨悚然，半天没反应过来，只是木讷地夸了她一句好胆量。

后来，有一件更严重的事情差点要了武才人的命，当时，民间流传的“女主武王”的传言传到了宫里，太宗知道后召见太史令李淳风。这个李淳风是个预言家，他“博涉群书，尤明天文历算阴阳之学”，著名的预言书《推背图》就是他的著作。

李淳风进宫以后，唐太宗便直截了当地问他是否知道“女主武王”的事。李淳风说，他观天象看到了太白星，预示着女主天下，并且，李淳风还说自己已经推算出这个武氏女子已经在宫里了。唐太宗听了以后非常紧张，想在后宫大开杀戒，避免江山被夺的厄运，但是，李淳风以天命难违劝说，唐太宗才打消了这个念头。但是，机遇巧合，老天自有安排，让武则天免于丧命，李君羡成了替死鬼。

事情是这样的，一天唐太宗高兴地举办宴会，兴致之极，太宗让大家说自己的乳名来行酒令。看到皇帝如此高兴，在场的众臣纷纷兴高采烈地说出自己奇怪的乳名并且互相嘲笑。正当气氛热烈之际，左武卫将军李君羡上前说：“臣乳名五娘子！”一个五大三粗的将军乳名竟然叫五娘子，这分明是个女人的名字嘛，于是引起了全场哄笑，唐太宗也笑呵呵地说了一句：“何来女子，如此勇健！”

然而话音未落，唐太宗就被自己说出的“女子”二字惊呆了。李君羡虽然不姓武，但却是武安人，任职左武卫将军，守卫着玄武门，封爵武连郡公，这一连串的武字和女孩的乳名让唐太宗基本认定李君羡正是那“女主武王”所指的对象。于是没过多久他就找个借口除掉了李君羡，从此唐太宗放下了一桩心事。

唐太宗死后，按照宫中的规矩，未生子女的嫔妃都要发配到皇家寺院为尼，26岁的武媚娘也和其他未生育的妃嫔一起出家到感业寺。当时，很多被迫出家的妃嫔从此就青灯古佛，了此残生。

只有武则天与众不同，她高昂着头，款款而行，好像不是去艰苦度日，而是在筹备着一个弥天的计划，也许，她知道命运在不由自己选择的时候只有接受，但接受不代表认命，这才是真正的武则天。

有人说，在武则天进感业寺之前和李治已经商量好下一步的打算，但是贵人多忘事，李治后来就慢慢淡忘了这个女子。当然武则天没有坐以待毙，她写了一首表达思念的情诗，《全唐诗》里收入她这首乐府诗《如意娘》：

看朱成碧思纷纷，憔悴支离为忆君。

不信比来长下泪，开箱验取石榴裙。

她把它作为改变自己命运的筹码，并设法传到了李治的手里。李治看后不胜悲伤，自然怀念起这个女子来，武才人的目的也就达到了。

后来，李治在父亲的忌日去感业寺上香，并且见到了武则天，俩人见面后李治对武则天甚是怜惜，但在寺院里，二人并不能多说什么，只能“相顾无言唯有泪千行”。也许正是这次见面使李治突然觉得自己对不住武则天，于是当即下了接她回宫的决心。

## 从尼姑到皇后

高宗的皇后是关陇大族的后人，出身高贵，且贤良淑德。但是，史载王皇后“性简重，不曲事上下”，所以，皇上更喜欢萧淑妃，为了躲避王皇后高宗宁愿躲在萧淑妃的住处。

话说这个萧淑妃，出身也非常显贵，是梁昭明太子的一支后裔，大唐建立时，还出过一个宰相萧瑀。她长得好看，活泼直爽，李治做太子时便嫁入了东宫。更重要的是萧淑妃还给李治生下了儿子，而王皇后膝下无子。

后来，高宗和武才人的恋情渐渐地传遍了宫里，王皇后得知了高宗和武则天的私情后，就想把武则天引进宫去牵制萧淑妃。

在母亲和舅父的支持下，王皇后立即派人到感业寺通知武则天蓄发待诏入宫。于是，武则天开始了她出人头地的计划，面对一国之君李治，她委曲求全，少了狮子骢事件时的锋芒毕露，变得温柔起来，再加上年岁的增加，不免多了几分风韵。在皇后面前，她常对皇后把她从感业寺救出来的事感恩戴德，使王皇后觉得武则天还是个知道感恩的人，可以同舟共济，就在皇上面前说了她的好话，将她晋封为昭仪。

而面对身边的宫女宦官们，武则天走了和皇后相反的道路。王皇后性格高傲，对上对下都不放在眼里，俨然一个孤立的冰美人；武则天却时常把皇上赐给她的东西赐给宫女宦官们，特别是那些对

皇后不满的人，她施恩更重，不久，她在宫内的眼线就很多了。她派他们去监视皇上和萧淑妃的动静，没找出纰漏，便开始琢磨别的办法，决意要拉王皇后和萧淑妃下马。

武则天的野心在她的第一个儿子出生时就显出来了。她入宫后的第二年，也就是永徽三年（652），就给高宗生了一个儿子李弘，后来被册封为代王。

看到武则天不仅得到了皇帝的专宠，还生下了皇子，王皇后才突然意识到了武昭仪的威胁，于是她转而联合萧淑妃一起对付武则天，她们时常对皇上说武则天的坏话。而此时高宗对武则天十分宠爱，对皇后和萧淑妃结党营私、排斥异己的行为便心生厌恶。

看到时机成熟，武则天便想抬高自己的出身为自己积累政治资本，于是她请高宗追封其父武士彟，这样，武则天也算是名门之后了。为了表示对武昭仪的爱意，高宗又专门颁布法令让武昭仪的直系亲属都可以名正言顺地出入宫门，这点让武则天很高兴，使她享受到了久违的天伦之乐。

虽然如此，但武则天心里也清楚王皇后和萧淑妃的家庭背景很强大，皇上不会为了私情得罪她们两个的家族，于是，要实现自己的野心，废王立武就得自己寻求出路。大约在永徽四年（653）年底或者永徽五年（654）年初，武则天生下了一个小公主，长得水灵灵的，高宗非常喜欢。永徽五年（654）年初，王皇后又去武则天处探视小公主，逗小孩玩了一会儿便离开了。

据说武则天则发现机会来了，她便利用王皇后探视新生婴儿的间隙，亲手捂死了自己的女儿。等到高宗来了，武昭仪故作不知地随着他一起去看小公主，欢喜地说笑着，谁知一掀开被子发现，小公主已经死了。惊恐之时高宗叫来宫中人询问都有谁来看了小公主，宫人都说："皇后刚来过。"

高宗见爱女横死，哪里还有心情去考虑其中的蹊跷，再联想起皇后以前就和萧淑妃勾结在一起为难武昭仪，现在见武昭仪生下女儿自己又宠爱非常，未尝做不出杀人之事，于是立即就认定："后杀吾女！”王皇后有口难辩，被打入了冷宫。

永徽六年（655），武则天再次发难，她让宫里面的人报告皇上说王皇后和她的母亲魏国夫人柳氏施行“厌胜”来诅咒自己。所谓“厌胜”，是古代方士施行的一种巫术，也就是用一些特殊的物品以诅咒的方式来制服人或物。巫蛊之术是宫中的忌讳。关于王皇后搞巫蛊这件事，还没有定论是真是假，但是这件事更加巩固了高宗废黜王皇后的决心。

## 离婚需要高深的政治手腕

高宗下定了废王立武的决心，便找大臣们商量，第一个找的就是长孙无忌。长孙无忌是开国功臣，又是高宗的舅舅，高宗被立为太子，长孙无忌下了很大的功夫。第二个是褚遂良，褚遂良在太宗在位时参与过很多军政大事的决策，所以想废黜王皇后一定得征询这两个老臣的意见。但是长孙无忌和褚遂良都坚持王皇后是先帝选定的儿媳妇，并无重大过错，不能随便罢黜。

不过，在当时朝堂上还有一支与长孙无忌代表的士族地主关陇集团相抗衡的力量，这就是以李勣为代表的庶族地主山东集团。虽然李勣称病不出，但是此举无异于投了弃权票，也表示他与长孙无忌并不属于同一阵营，因此长孙无忌并不能统一朝堂的声音。

正当武则天和李治因废王立武发愁时有一个叫李义府的人毛遂自荐，愿意为武则天卖命。其实，他也只是想保住官位而已，他本是中书舍人，因为得罪了长孙无忌，要被发配到壁州担任司马。李义府是个见风转舵、很识时务的人，他知道此时有能力、有胆量又有需要与长孙无忌正面作对的只有武昭仪，同时他也知道武昭仪要做皇后，需要朝堂上有一个人站出来反对长孙无忌。为了保住自己的官位，李义府便投靠了武昭仪，并且上表直言请求废王立武。收到李义府的表章，高宗十分高兴，于是便提拔李义府做了中书侍郎。

见到李义府公然与长孙无忌作对竟然没有受到惩处，反而还被皇帝破格提拔，朝臣们顿时明白了唐高宗的心意。卫尉卿许敬宗、中书舍人王德俭、御史大夫崔义玄、御史中丞袁公瑜等人看到皇上的意图明确了，也都站在了武昭仪这边，这样武昭仪很快有了自己的外廷力量。在支持武则天的臣子中许敬宗的年龄最大，他和李义府一起，通过武则天的母亲杨氏内外联络，很快建立起外廷的情报网，如此武昭仪距离皇后之位已经不远了。

与此同时，以长孙无忌为首的反对武则天的朝臣队伍也建立了起来。裴行俭不赞同废后，就在外面说了些不该说的话，被武则天的人听到了，又通过杨氏传到了武则天的耳朵里，这样，裴行俭很快就被贬官为西州都督府长史，被赶出了京城。

那么李勣一直称病在家，到底是什么意见呢，于是，高宗单独召见了他。李勣是个聪明的人，他没有直接回答皇帝的问题，而是说："此陛下家事，何必更问外人！"

高宗一听非常高兴，在永徽六年（655）十一月，正式册立武则天为皇后。册立当天，武则天在肃义门接受文武百官的朝拜，这在中国历史上也是第一次，以往的皇后只接受内外命妇的朝拜，不接受百官的朝拜。

武则天当上皇后以后，紧接着长孙无忌、褚遂良先后被贬官流放。没过几年，褚遂良就死在了爱州（今越南清化），长孙无忌在黔州（今重庆）被迫自杀。

武则天成为唐高宗的皇后，继而又建立了武周政权，成为中国历史上唯一一位君临天下的女皇并且也是有作为的皇帝之一，从贞观之治到开元盛世，都离不开她的功劳。这样一个女人，在中国历史上留下了浓重的一笔。

## 双悬日月照乾坤

武则天虽为皇后，但其实际权力已如皇上了，二圣临朝已经成为惯例，朝堂之上大大小小的政事都是由高宗和武后二人共同决策，但是，懦弱的高宗现在只是朝堂之上的一个摆设而已，实际权力已经掌握在武后的手中了。既然已经二圣临朝了，武则天为什么还要煞费苦心、劳师动众地进行封禅泰山呢？

“封禅”是古代帝王的一种祭祀仪式，在泰山上筑坛祭天叫作“封”，在泰山南面的梁父山上辟地为坛祭地叫作“禅”。一直以来，泰山封禅都是中国古代帝王告祭天地最为隆重的典礼。在唐代以前历朝历代的皇帝中只有秦始皇和汉武帝举行过泰山封禅盛典。

除了想向世人宣扬自己的功绩，向四方扬国威，武则天极力促成此行还有一个非常特殊而重要的原因。因为她要为自己的将来造势，她虽然是一个女人，但是她不是一个普通的女人。她治理着一个泱泱大国，并且在她的统治之下，这个国家不但朝政清明、百姓安康，更征战四方，平定边陲，不亚于“贞观盛世”的繁荣昌盛。

武则天的封禅大典仿照古制进行，乾封元年（666）正月三十日，一切准备工作就绪，封禅大典正式开始。第一天高宗在泰山南的祭坛上祭告天帝，第二天去到山顶的“登封坛”再度祭天，到了第三天在社首山“降禅方坛”祭祀地神，高宗初献，随后由宦官执着帷幕，武则天带领各内外命妇登坛亚献，最后以越国太妃燕氏（越王李贞的母亲、太宗的德妃）终献结束。第四天，高宗和武后共同登上朝觐坛，接受文武百官朝贺。自此，封禅礼毕，高宗武后一行浩浩荡荡返回京师。

封禅泰山已经昭告天下，她武则天即使是一介女流，也是样样堪比古之明君。辅佐了高宗近二十年的朝政的经历，再加上总结了前人治国的种种经验教训，尤其是苦心钻研了太宗皇帝的《帝范》十二章，武则天根据本朝的具体特点，终于制定出了一套自己的施政纲领。当时虽是二圣临朝，但高宗毕竟还是名义上的皇帝，因此，武则天将自己的这十二条施政大纲以“建言”的形式提出，请高宗最终定夺并予以实施，这便是赫赫有名的《建言十二事》。

《建言十二事》的具体内容是：

一、劝农桑，薄赋徭。

二、给复三辅地。

三、息兵，以道德化天下。

四、南北中尚禁淫巧。

五、省功费力役。

六、广言路。

七、杜谗口。

八、王公以降，皆习《老子》。

九、父在，为母服齐衰三年。

十、上元前勋官已给告身者，无追核。

十一、京官八品以上，益禀入。

十二、百官任事久，材高位下者，得进阶申滞。

武则天认为，农业是一个国家富强的根本，只有减轻农民的赋税和徭役，重视农业发展，才有可能实现国泰民安。从历朝历代的经验看来，大兴土木工程建设需要大量的人力财力，精减一些不必要的宫廷建设，有利于减少开支，节约劳动力，减轻农民的徭役负担，将更多的力量放在国家的基本建设之上。同时禁止各部门的奢侈之风，尤其是南衙、北衙、中书省、尚书省等中央直属机构。

她还要求百官敢于谏言，为国家建设出谋划策，但绝不允许造谣生事、搬弄是非，这体现了决策者广纳谏言的度量；要求大小臣民都读《老子》，以示自己虽为武家的女儿，更是李家的媳妇，以此让拥护李氏王朝的宗亲和臣子相信她与他们是同心同德，绝无外心的。她让官员们得到更多的福利和赏赐，以笼络人心；并借用丧葬礼仪来提升妇女的社会地位。她深知战争会将一个国家拖垮，因此，对于四方邻国，她主张尽量友好结交，和平相处。

如此十二条建言集中体现了广开言路、善用人才、缓和阶级矛盾、外交友好等政策，确实是一个富国富民的好纲领，有利于皇权的巩固。高宗对此治国纲要十分赞赏，并立即下令执行。

## 少女武则天

武则天，自名曌，取其日月当空普照天下之意，“则天”二字并不是她的名字，而是她死后的尊号“则天大圣皇帝”和“则天大圣皇后”，在古代史籍中，她大多被称呼为“武后”。

《新唐书·后妃传》记载：武则天的五世祖武克己曾任北魏散骑常侍，高祖武居常任北齐殷州司马，曾祖武俭任北齐永昌王咨议参军，祖父武华任隋朝东郡丞。总的来说，武则天也算是出身于官宦之家，但是到了她的父亲武士彟这里，情况却有了些变化。

武士彟是一位很有钱的木材商人，在当时商人的社会地位十分低下。为了改变命运，武士彟不惜花费大量家财来结交达官贵人、有识之士，因此结识了当时的唐公李渊。后来李渊打算起兵反隋，于是派心腹刘弘基、长孙顺德外出招募士兵，建立自己的军队。谁知此事被隋朝将领王威知道了，王威立即下令逮捕刘弘基等人，多亏武士彟在王威面前周旋此事，刘弘基等人才幸免于难。

唐朝建立以后，李渊为了报答武士彟的这份情义，便对武士彟大加封赏，逐步升迁为工部尚书，利州、荆州都督，并且获得了应国公的爵位。

武则天的母亲杨氏，出身关陇望族，是隋朝宰相杨达的女儿，在李渊的撮合下，武士彟将杨氏娶了进门，并通过婚姻再一次提高了自己的社会地位。

武则天就是杨氏生下的三个女儿中的第二个，关于武皇的神秘性，流传最广的当属袁天罡相面的事了。据说，武则天还在襁

褓中的时候，袁天罡把武则天误认为是男孩子，给她卜卦说：“此儿龙睛凤颈，是贵极之相。可惜他是男子，若是女子，日后必成天下之主。”

武则天12岁的时候武士彟就患病去世了，兄长们霸占了宅子，她们母女只好去长安过起寄人篱下的日子。后来太宗的贤内助长孙皇后突然去世，皇后的位子空缺无补，太宗也无心立后。

但是，后宫的问题总要解决一下的，由于人数过少，不合宫中的规矩，只好选些才貌出众的女子补缺。武则天的堂舅杨师道是当时的宰相，曾多次向唐太宗举荐武则天，再加上唐太宗的妹妹、杨师道的妻子桂阳公主也经常在太宗面前念叨武则天。于是唐太宗对武则天未见其人先闻其名，就此产生了兴趣，便下诏将时年13岁的武则天纳入宫中。从此命运向武则天打开了新的大门。

# 第二章 日月当空曌

## 女皇不是梦

到光宅元年（684），李唐王朝的天下几乎都掌握在了武则天手中。唐高宗李治已经于前一年驾崩，继位的唐中宗李显仅当了两个多月的皇帝就被流放到千里之外的湖北软禁起来，新上台的唐睿宗李旦只是扮演一个政治傀儡的角色。

武则天已经站在了整个帝国的顶点，所欠缺的也只有那一顶象征意义远大于实际意义的天子冠冕。

她作为一个女性，想要登上皇位的行为原本就不见容于正统的儒家政治理论。因此，为了皇位的合法性和正当性，她可谓绞尽脑汁，煞费苦心。

营造舆论的第一步是要抬高武氏家族的地位。就在光宅元年（684），武则天大权在握之后，她立刻追尊武士彟为周忠孝太皇，母亲杨氏为忠孝太后，又追封祖上四代为王，这一切都是按照皇帝的礼制来完成的。不仅如此，她还将父母的坟墓按照帝王的规格升级为陵，建造宗庙，并设置专门的官吏管理武氏宗庙的四时祭祀。

为了让天下人逐渐接受武氏的皇族地位和女性帝王的合法性，武则天又颁布诏令，要求在祭天时不仅要以唐代诸帝配祭，在祭地时还要以窦皇后和长孙皇后配祭，当然，在祭祀时也必须留出忠孝太皇和忠孝太后的一席之地。如此一来，武氏家族被抬到了和李唐皇族并驾齐驱的地位。

永昌元年（689）十一月初一，武则天忽然下令废除现有历法，

改用古老的周历，而周历与其他历法最大的不同之处，就在于以十一月初一为元旦日。也就是说，所有的日期都要往前推两个月。于是这一天便成了载初元年（690）的正月初一。

人们还没有从更改历法的混乱中清醒过来，武则天的另一道敕令又颁布了。她命令自己的外甥宗秦客——此人的弟弟宗楚客是李白第二个媳妇儿的爷爷——制定了十七个新的文字（一说为二十一个），并要求在全国推广，强制使用，所有的书籍文字中都要准确无误地使用新字。

人们更多记住的是“曌”，这个意义为日月当空的字，它因为女皇将其作为自己的名字而被一代代的中国人反复提起。只要提到武则天，就要提起这个字；而提起这个字，人们想到的也只能是武则天，这个霸气外露舍我其谁的字，就这样和武周一朝的历史绑在了一起。

不仅是武则天自己在努力制造舆论，早已看穿武则天心思的一干投机客们也八仙过海，各显神通。如果说武则天的种种举动解决了其登上皇位的正当性问题，那么薛怀义等人则解决了合法性的难题。按照儒家的政治学说，女性参与政治事务乃是“牝鸡司晨”，因此必须另辟蹊径，从其他学说中寻找理论。

薛怀义在纠集了一干大小僧侣搜肠刮肚、寻章摘句之后，居然给他找到了一本叫作《大云经》的佛经。根据王国维和陈寅恪的考证，这部《大云经》乃是印度僧侣昙无谶于公元5世纪初在敦煌译为汉文的，两百多年来一直无人问津，但薛怀义却发现其中大有可资利用之处。

原来，这部经文主要讲的是净光天女两次听经，领会佛法奥义，转生人界，以女身成为国王，最终成佛的事情。这个故事无疑有力地支持了女人也能当皇帝的理论，但是对于一般民众来说，这部经书却过于艰涩难懂。为了让愚夫愚妇也能明白经文，薛怀义又组织人力，炮制了一部洋洋洒洒的《大云经疏》，将唐代民间流传的弥勒信仰和大云经里的故事结合了起来。

在《大云经疏》中，武则天被塑造成弥勒佛的转生，她的下凡，正是为了以女身登上皇位，最终还将会返回天界，成就正果。如此一来，武则天称帝乃是顺应佛的意志，实在是合理至极。武则天见到此书大喜，立刻命各州修建大云寺，寺内藏一本《大云经》。

万事俱备，只欠东风。载初元年（690）九月，小小的九品官侍御史傅游艺率先串联九百余人上表请求武则天称帝。然而武则天不为所动，她在等一个人的表态。

这个人就是李旦。李旦毕竟是大唐帝国名正言顺的皇帝。他不表态，武则天就永远无法合情合理又合法地登上皇位。李旦并没有迟疑多久，便向自己的母亲上书，请求武则天称帝。

载初元年（690）九月九日，武则天正式称帝，改国号为周，改元天授。中国历史上最著名的女皇帝就这样诞生了。

## 改变命运的独木桥

唐人刘禹锡曾经有诗云："旧时王谢堂前燕，飞入寻常百姓家。"在这两句脍炙人口的名诗背后，隐藏的是在唐朝士族势力因为屡受打击而地位逐渐下降的社会现实。

尽管经过南朝侯景之乱，江南士族的力量遭到很大削弱，但北方士族却始终保持着很大的势力。唐太宗时虽然着力于裁抑所谓山东大姓，颁布《氏族志》，但唐太宗的根本目的，乃是将跟随自己打天下的关陇士族的地位提高到与旧士族相提并论的地步，并非否定门阀制度。

武则天掌握权力后，她不仅继承了唐太宗打击士族势力的政策，而且还开始大量提拔寒门庶族出身的官员。一时间，武周的朝堂为之一新。

武则天首先做的就是将武氏家族的地位不断提高。当初唐太宗修订《氏族志》时，由于武士彟已经去世，又只是三品大臣，因此并没有被列在"高门"之列，只是被一笔带过，相比起对高门大族

详细记录郡望、家世，发祥、渊源、声望巨细靡遗的记录，显得甚为简略。武则天便以此为理由，请求唐高宗修改之。唐高宗对武则天的建议自然无有不从。到显庆四年（659），在《氏族志》基础上修改的《姓氏录》完成，并由唐高宗亲自作序，推行天下。

《姓氏录》有这样几个特点：首先，十二名编纂者都是庶族出身，而把士族官员彻底排除在外；其次，虽然该书同《氏族志》一样，都以现任官职高低而非传统对士族的认知为划分等级的标准，但从《氏族志》到《姓氏录》题目的变化不难发现，这部新的官修谱牒强调的是“姓”而不是“族”。

因此它不仅收入了当时五品以上的现任官员，还收入了以军功获得五品以上勋官的军卒。相反，旧士族中若没有在当朝担任五品以上官职者均未收入。可以想象，这样一来，一些历史悠久享有盛望的名门望族就消失了。

在《姓氏录》中，武氏家族毫无疑问地以唐高宗皇后外戚的身份进入了第一等级，并且还名列前茅，与长孙家族并驾齐驱；而曾经在立后之争中站在武则天一边的李勣，虽然位高权重，但由于只是山东土匪出身，因此在《氏族志》中只能敬陪末座，如今也列在第一等。士族的风光从此一去不复返。

颁布《姓氏录》对于武则天控制政权，有着极为重要的意义。门阀制度被打破以后，不同社会阶层之间壁垒森严的界限被打破，给了广大庶族地主和平民一个出人头地的机会。既然官职取代了出身成为区分社会阶层的标准，那么选官的程序也必然要发生变化。

武则天对科举制度实行了一些改革。为了扩大科举取士的人数，武则天拓宽了制科取士的范围，以显庆三年（658）的制科为例，设有八个科目，九百多人参加考试。考中的考生大部分进入弘文馆，后来大多成为唐高宗和武则天朝的重要官员。

武则天称帝之后，进一步加强了对科举的改革力度。天授元年（690），武则天开创了殿试制度，即以九五之尊在皇宫内亲自考察通过会试的进士，对优秀者破格录用。这一制度一直延续下来，成为科举制度中的重要一环。

不仅如此，武则天还大大扩充了科举取士的名额。唐太宗时，共录取进士二百余人，而唐高宗和武则天时期，录取进士达到千人以上。此外，武则天还扩大了选拔人才的范围，长安二年（702），武则天设立武举，考察马射、步射、平射、筒射、马枪等项目，以选拔有军事技能的优秀人才。

为了免除遗珠之憾，武则天派出存抚使赴各地巡视，搜罗选拔人才。从科举不第的落榜生，到乡村私塾的授课先生都不放过。对于存抚使推荐的人才，武则天都亲自召见，并加以录用，不需要经过考试和培训。

武则天选官甚广，对官吏的考核也极为严格。她经常检察官吏的任职情况，若有不合格者，立即处以罢黜、降职、流放不等各种刑罚。在她的恩威并施下，武周一朝涌现出了大量名臣名将。借助这些寒门庶族地主和平民百姓中涌现出的名臣，武则天巩固了自己的政权，被后人称为一代明君。

## 名相狄仁杰

武周一朝的政绩博得了后世史家的颇多赞誉，与之相比，武周时期的吏治获得的评价则褒贬参半，不少人都对武则天的酷吏政治颇有微词。然而，即使是对武周朝吏治反对最为强烈的人，也不得不承认在这一时期的满朝文武当中，也涌现出不少极有能力的大臣。其中，狄仁杰当然是最为后世所知的一位。

狄仁杰生于唐贞观四年（630），山西太原人。他出生在一个官宦之家：高祖狄湛，是北周宇文泰手下的兵将。祖父狄孝绪在贞观年间曾任尚书左丞，父亲狄知逊则担任过夔州长史。

唐高宗去世后，狄仁杰于垂拱二年（686）出任宁州刺史。宁州地处河西走廊，五方杂处，可谓冲繁疲难之地。狄仁杰在此处人得安心，老百姓非常感激，甚至为他立碑颂德。此情此景被巡察陇右

的御史郭翰得知，便上表举荐了狄仁杰。狄仁杰旋即被升为工部侍郎，赴江南担任巡抚使。

垂拱四年（688），豫州刺史越王李贞起兵反对武则天。叛乱平定后，狄仁杰接任豫州刺史。当时，成百上千的平民百姓因为曾经在李贞军队中服役而被株连，受到不同形式的处罚。狄仁杰便上书给武则天，声称这些人并非故意作乱，只是为李贞逼迫，不得已而为之，因此不宜妄杀无辜。武则天听从了狄仁杰的话，减轻了对这些人的处罚，从死刑改为流放。

宰相张光辅自恃平定叛乱有功，放任士兵滥杀无辜，勒索钱财。狄仁杰不仅命令手下制止士兵的抢掠和杀戮，还当面怒斥张光辅的暴行，从而保护了一方百姓，不过狄仁杰也为此付出了被贬官的代价。

武则天称帝之后，在娄师德的大力举荐下，狄仁杰被重新起用，于天授二年（691）出任户部侍郎、同凤阁鸾台平章事，成为朝廷宰相。谁知，没过多久，狄仁杰就被酷吏来俊臣诬告谋反下狱。

狄仁杰分析当时的形势，明白如果矢口否认，必定被酷刑折磨，生不如死，倒不如一口承认，还能伺机申冤，于是狄仁杰很痛快地认了罪。来俊臣见事情如此顺利，便以减刑为条件，引诱其诬陷尚书杨知柔也参与谋反，谁知狄仁杰断然拒绝。

狄仁杰被关押一段时间后，对他的看守日益松懈。狄仁杰便乘人不备，以写遗书为由，取来笔墨纸砚，暗暗在被褥中撕了一块布，写了一份申冤的诉状，缝在被褥里。之后他又以天热，请求让家人为他拆洗被褥。狱卒不疑有他，同意了他的请求。狄仁杰的儿子狄光远发现这份诉状之后，立刻入朝向武则天申诉。武则天见此情况，心知有异，便提审狄仁杰等人，最终搞清了事情真相。

尽管如此，狄仁杰还是被贬黜为彭泽令。虽然只是个小小的县官，但狄仁杰并没有因此消沉。当彭泽发生旱灾时，他积极为百姓申请发放赈济，免除租赋，受到百姓的爱戴。万岁通天元年（696），营州之乱爆发，为了稳定局势，安定人心，武则天调狄仁杰为魏州刺史。

前刺史独孤思庄慑于契丹的进攻，命令百姓放弃农业生产，进城战备，结果使大片农田荒芜，人民生活极其困苦，人心浮动。狄仁杰到任后，立刻遣散百姓，任其安居乐业。结果契丹听说狄仁杰的大名，不敢进攻，闻风而去。

狄仁杰再次被召回朝中，开始了其第二次宰相生涯。这一时期，武则天对狄仁杰极其倚重，称之为“国公”，军国大事往往要征求其意见。据史书记载，狄仁杰口才很好，不仅语言流利，声音洪亮，而且有理有据有节，极具感染力和说服力，与此同时，他又兼备机敏持重的性格。这些都使得他在宦海浮沉中能够屹立不倒。

狄仁杰担任宰相期间，不仅粉碎了武氏族人想要承继大统的野心，还最终使武则天改变心意，迎回了一度被废黜的庐陵王重任太子。不仅如此，在狄仁杰生命的最后几年，他深知自己已经年老体衰，力不从心，因此他积极推荐人才，安插在各个要害部门，作为王朝的中流砥柱。

久视元年（700），狄仁杰病故，武则天悲叹道：“朝堂空也。”至今太原市内还有一条名为“狄梁公街”的小巷以示纪念这位千古名臣。

## 不拘一格用人才

虽然武则天的统治以酷吏政治著称，对待官员十分严苛，动辄以酷吏滥刑加之，但酷吏只是她维护统治和政治清明的手段，是帮助她驱逐小人、招揽贤才的工具。

武则天大刀阔斧地在全国范围内选拔人才，为庶族地主广开仕途，有利于打破关陇士族控制政治的局面。同时，她进一步发展科举制度，特别是增加进士科，为庶族地主进入政权开了捷径。唐太宗执政的二十三年中，共取进士二百零五人，而高宗和她执政的五十五年中，所取进士达千余人，平均每年所取人数，比唐太宗时增加一倍以上。

对于人才，武则天的容人之量甚至达到了惊人的地步，她不计门第，不避仇怨，不分性别，经常破格使用人才。她手下的女官上官婉儿是被武则天杀掉的宰相上官仪的孙女，但武则天发现上官婉儿的智慧与文采都比较出众，硬是将她留在身边，加以重用。凡是批阅奏章、起草诏令的事情，她很多都交给上官婉儿办理。

武则天在自己统治期间提拔了许多栋梁之材。唐玄宗开元年间的名臣姚崇、宋璟、张九龄等，都是在武则天时开始被提拔起来的。

武则天少年时代曾在太宗身边度过，耳濡目染过太宗从谏如流的大度胸怀。她深知“兼听则明，偏信则暗”的道理，于是在登基后也效法太宗，让群臣各抒己见，使群臣能畅所欲言，以集思广益。

太宗皇帝爱才尊才，在凌烟阁悬挂二十四功臣的画像。武则天将这一传统很好地继承了下来。她很尊重狄仁杰，称呼他为“国老”，而不是直呼其名。

纵观武则天执政的整个历史时期，综合她用人政策的各个侧面，可以发现她的用人政策有一个明显的变化过程，大致以周革唐命为界。此前，她主要是任用佞臣、酷吏和裙带，此后，她虽然无法做到完全抛弃前期的流弊，但从主流上看，后期的武则天基本上是任人唯贤、尊才重能的。

# 第三章 女皇的困境与努力

## 儿子与侄子的抉择

武则天登基时已经是67岁的老人。虽然如愿以偿，但她却面临着一个现实的问题：究竟由谁担任继承人。长期以来，中国政治权力都遵循“一家一姓，万世不易”的传统。这一传统使武则天在继承人的选择上陷入了一个悖论：作为李家的媳妇，她的儿子无疑是她最亲近的人，但却和她不是一个姓；反之和她一个姓的武氏族人却和她不是一家人。

在武则天所生的几个儿子中，长子李弘早已去世多年，次子李贤也因为莫须有的谋反罪名被武则天诛杀，三子李显被流放，每日担惊受怕，朝不保夕，只有四子李旦暂时还保住了在朝中的位置。李唐皇室的子孙此时已全部失势。这样一来，凭借武则天称帝而兴起的武氏族人便对皇位虎视眈眈，渐生觊觎之心。

其实，对武则天的生平略加考察，便不难发现，她与父族那边的亲戚关系并不好。武则天的母亲杨氏是武则天父亲武士彟的填房，而武则天的两位长兄武元庆和武元爽均是武士彟的正室相里氏所生。武士彟去世后，这两位哥哥因为家产的问题，对杨氏母女的态度十分冷淡。

尽管武则天成为皇后之后，曾经一度给几个兄长加官晋爵，但武氏弟兄几个却毫不领情，反而将此看作是作为功臣之后理所应当的结果。

虽然如此，但中国政治结构中重用外戚的传统却使得武则天不得不依靠武氏族人来巩固自己的地位，否则她就有孤立无援之虞。尽管几个兄长死的死，散的散。但他们的子嗣却在武则天的支持下进入朝廷并担任要职，成为武周时期一股举足轻重、不可忽视的势力。其中，以武承嗣最为权倾一时。

武承嗣是武元爽的儿子，早年由于父亲获罪，在当时尚属蛮夷之地的海南岛度过了他的青少年时代。武元爽很快就死在了流放地，但武承嗣则熬到了出头的一天。到上元元年（674），武则天大概是意识到了外戚力量的重要性，便将武承嗣召回，让他继承了武士彟的周国公的爵位，又授予他尚衣奉御的职位。武承嗣是个很有政治头脑的人物，他深深地明白，自己的政治前途和命运全部维系在这位姑姑的身上。

因此，他不遗余力地帮助武则天逐步实现她称帝的梦想。他的努力获得了武则天的肯定，其官职爵位也因此而步步高升，可谓位高权重。

武则天称帝后，武承嗣急不可待，希图有一日入主东宫。武承嗣成功地争取到一大批为他说话的官员。这些人成日在武则天周围鼓噪“自古天子未有以异姓为嗣者”，构成了一股强大的舆论氛围。

武承嗣的所作所为虽然让武则天对其甚为信任，但却引起了朝中大臣的不满，甚至武则天甚为倚重的狄仁杰、吉顼等人都不赞同由武承嗣继任太子。

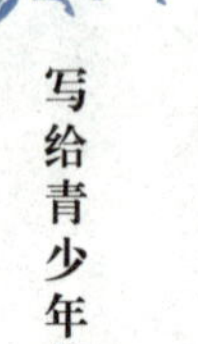

武则天虽然喜欢武承嗣，对这一点却看得很清楚，因此迟迟不做决断。然而随着武则天的日益衰老，皇储问题的重要性也日益凸显出来。不过让武承嗣没有想到的是，情况变得对他越来越不利。北方的契丹和突厥先后打着光复李唐政权的旗号起兵造反，让武则天意识到武氏族人不得人心；而且朝中大臣的反复劝说似乎也对武则天产生了越来越重要的影响。

有一次，武则天又就皇储的问题征求左右重臣的意见。狄仁杰趁势表示，自古以来，只有儿子将父母供奉在太庙中祭祀的，从来没听过侄子将姑姑供奉在太庙中祭祀的。言下之意，当然是劝说武

则天立子不立侄。狄仁杰的谲谏可以说最终坚定了武则天的想法。就在这次谈话之后不久，武则天正式下诏，立原已被贬为庐陵王的三子李显为太子。

机关算尽的武承嗣最终也没能入主东宫。不过武周末年的政治斗争还远未结束，誓死捍卫李唐政权的大臣们，还要面对一系列更加凶险的情势。

## 把太子还给你

在李武之争引起的立储风波中，李唐皇室最终获得了胜利，被废黜多年的李显重新回到了长安并被册封为太子。

李显以庐陵王的身份先后被软禁在湖北的均州和房州，身边仅有妃子韦氏与他相依为命。李显本来就才能平庸，缺少作为一国之君的气魄，长期的流放生活，更是让他遇事则迷，与他相比，韦氏则要冷静镇定得多。

在这个时候，韦氏总是对李显百般劝慰，鼓励他要乐观积极。正是在韦氏的陪伴和安慰之下，李显才勉强在非人的环境中度过了漫长的十四年流放岁月。也正是因此，李显和韦后的夫妻感情十分深厚，李显曾经对韦氏赌咒发誓，假如异日能重登大宝，一定竭尽全力满足韦氏的任何愿望——这话后来又引起了天大的风波。

同时，为了防止李唐皇室的人私下串通，武则天规定大臣要想拜见李旦，必须经过武则天的同意。

饶是如此，李旦还是逃脱不过别有用心的人的深文周纳。有一次，不知何人告发李旦有不臣之心。武则天得知后勃然大怒，便命令来俊臣审理此案。来俊臣是有名的酷吏，他知道自己不能把李旦怎么样，但却可用酷刑把李旦身边人的嘴巴撬开，教他们指证李旦。

可是出乎来俊臣的意料，这些人受尽了严刑逼供，仍然不肯承认李旦有谋反之心。特别是一个叫安金藏的太常乐工，干脆对来俊臣表示，既然你不相信我安某人的话，那我就剖腹让你看看我的心脏，以表明皇嗣绝不会谋反。说完他安金藏就拿刀剖腹，竟至鲜血横流，场面极其惨烈。

安金藏的忠烈之举震惊朝野，也传到了武则天耳朵里。武则天不仅命医生紧急救治，还亲自探望了安金藏，并感叹道："我的儿子我却不了解他，才让他受这样的苦！"随即停止了对李旦所谓"谋反"的追查。

李旦在受尽迫害的同时，其政治地位也日益降低。武则天即位初期，在较为重要的祭祀典礼中，辅助武则天进行祭祀的均为李旦及其长子李成器。可到长寿二年（693）正月祭天时，魏王武承嗣和梁王武三思取代了他俩的位置。

不久之后，李旦的几个儿子的爵位便被降为郡王，并且统统被软禁在宫中。

面对着李唐皇室将要全军覆灭的状况，朝中的一干大臣坐不住了。为首的就是狄仁杰。武氏族人的种种不成器他都看在眼里，而且考虑到王朝的安定和兴盛，百姓和四夷的人心所向，只有重新恢复李唐皇室的统治才是最佳的选择。因此，他虽然忠心耿耿地辅佐武则天，但在立储一事上却坚持己见。

有趣的是，不仅是狄仁杰这样的唐朝旧臣几次三番地劝说武则天，就连吉顼这样的武周新贵也倾向于李唐皇室。吉顼是武则天一手提拔上来的宰相，此人虽然也是一个有名的酷吏，却明白武氏族人实在不足以托付天下，反而是人心所向的李唐皇室还有扶保的理由。

武则天最终认清了人心思唐的局势：如果自己罔顾朝臣的意见，一意孤行，立武氏族人为太子，则必将引起政局的动荡；自己苦心孤诣奋斗数十年的政权就可能毁于一旦，甚至武氏家族也可能在动荡中了无孑遗。

种种考虑之下，她最终决定立自己的儿子为皇储。圣历元年（698），武则天派人秘密将李显全家接回洛阳，随后便以商量立储为名，召狄仁杰等人入宫。狄仁杰做梦都没想到，自己入宫后看到的竟是睽违十数年的庐陵王李显。狄仁杰当即痛哭流涕，拜伏在

地；而武则天也声泪俱下地对狄仁杰说：“我把储君还给你！”

如此一来，李显的太子之位算是坐定了。圣历元年（698）九月，李显被正式册封为太子，而李旦则被改封为相王。这也标志着武周一朝晚年的立储风波正式告一段落。

## 神龙政变

武周神龙元年（705）正月的一个晚上，还是春寒料峭的时节，原本应该戒备森严的洛阳禁宫内却纷乱如麻。一队全副武装的羽林军在羽林将军桓彦范和敬晖的带领下，点着灯球火把亮子油松冲进宫内，随即占领了各个出入口，并迅速向武则天的寝宫迎仙宫扑去。

这究竟是怎么回事儿呢？

武周末年，男宠张昌宗、张易之兄弟乱政。经过立储风波之后，太子人选终于确定，李唐皇室终于可以在武则天百年之后回归。

如果二张的势力崛起，受害最深的无疑还是李唐一族，好不容易努力得来的局面将会灰飞烟灭。

随着武则天年纪的增长，她的身体越发虚弱。到神龙元年（705）时，82岁的武则天已是沉疴在身，卧床不起。但文武百官、诸王公主甚至太子李显都很难见到她，二张兄弟成了武则天和外界沟通的唯一渠道。

这对于李唐皇室，特别是太子李显来说无疑是非常危险的。如果武则天一旦不豫，遗诏就只有二张兄弟看得到。届时如果二张兄弟心生异志，无论是选择自己称帝，还是退一步与武氏家族联手，对李唐皇室诸子孙来说都是致命的打击。

凡此种种原因，都让李唐皇室的势力决定采取非常手段，趁着武则天重病，对朝政控制放松之际，发动武装政变，除掉二张兄弟，拥立太子李显掌握实际权力，以确保万无一失。这一计划由时任凤阁侍郎的张柬之首先提了出来。

张柬之是襄阳人，早年间曾经是太学生，后来考取贤良出身，官至凤阁舍人。可是由于他反对武则天侄孙武延秀娶突厥默啜可汗女，触怒了武则天，先后被贬为合州刺史和蜀州刺史。

由于狄仁杰和姚崇均认为张柬之乃是“宰相之才”，“沉厚有谋，能断大事”，因此得到了武则天拔擢，升为凤阁侍郎，处理朝廷政事。到神龙元年（705）时，张柬之已经80岁了，但仍然野心勃勃，他眼见二张乱政，把持朝纲，太子李显之位岌岌可危，便决心先下手为强。在张柬之的出面组织、联络下，一班同样拥立李显的大臣集合在一起，策划了一个铲除二张的整编计划。

政变当然首先要掌握一支可以信赖的军队：张柬之利用职务之便，安排桓彦范、敬晖、杨元琰等人担任羽林将军，以掌握军权；接着他又让桓彦范、敬晖二人以羽林军将军的身份拜见太子李显，趁机向其汇报了政变计划，并希望得到李显的支持。李显见张柬之等人布置周密详细，就答应下来，并且联络了李旦和太平公主一起行动。

李唐皇族成员的加入不仅使这次政变具有了合法性和正当性，也壮大了这一政变集团的势力。除了已经掌握一部分军权的相王李旦，太平公主也积极配合行动。她虽然是武攸暨的媳妇，但更是李唐皇室的一员。作为女性，她有更多的机会出入内宫，相比李显和李旦更能够接触到武则天；而作为武家的媳妇，她也有机会接触到当时武氏家族中最有权势的梁王武三思。

因此，太平公主在政变谋划中频频进出于皇宫和武府，密切地注意着武则天和武三思等人的异动，为张柬之等人提供了大量珍贵的第一手情报，有助于政变集团掌握武则天和武氏家族的最新动向。不仅如此，根据后世史家的研究，太平公主还成功地将武则天甚为宠幸的女官上官婉儿拉到了自己一方。

万事俱备，只欠东风。到神龙元年（705）正月，京城忽然传出了二张兄弟“潜图逆乱”的流言和揭帖。这一消息的来源很可疑，也许确有其事，也许只是政变集团为发动政变炮制的又一条件。

在张柬之、桓彦范、敬晖、崔玄暐、袁恕己等人的组织下，左

羽林将军李湛、李多祚，右羽林将军杨元琰、左威卫将军薛思行等人，率五百余名羽林军杀入了宫中，这就出现了开头的一幕。

太子李显在张柬之等人的陪同下进入武则天的寝殿，向武则天“请安”。武则天一生经历无数险恶的大风大浪，早就明白了是怎么回事。她接受了这个事实，宣布由李显暂时监国。经过这场史称“神龙政变”的政治斗争，武则天终于退出了政治舞台，而李唐皇室则回到了帝国的中心，重新掌握了至高无上的权力。

## 从皇帝变回皇后

神龙政变之后，李唐皇族终于重新回到了阔别多年的政治舞台的中央。

李显在象征性地担任了半个月“监国”之后，就名正言顺地登上了皇位，随即就对政变中的有功之臣大加封赏。李旦被加封为安国相王；而他妹妹太平公主也被加封为镇国太平公主，并且颇为难得地享有开府建牙设置官署的特权。这就意味着太平公主可以合法地、公开地参与政务。

当然，政变集团的官员们也纷纷一夜之间紫袍金带，位极人臣。张柬之被封为汉阳王、敬晖被封为平阳王、桓彦范被封为扶阳王、袁恕己被封为南阳王、崔玄時被封为博陵王，时人合称“五王”，故而神龙政变又称“五王政变”。不仅如此，唐中宗又把他们封为宰相，真可谓大权在握，其他参与政变的羽林军将领也各自升官受赏。政变集团一跃而成为朝廷中一股重要的势力。

武氏族人在政变中没受到什么毁灭性的冲击，只是武氏诸王的爵位象征性地降了一级而已，武氏一族依然在朝中享有一定的话语权。

至于曾经的女皇武则天，如今却是落寞无比。就在李显登上皇位的第二天，武则天就从迎仙宫迁至上阳宫。在度过了郁郁寡欢的十个月后，一代女皇武则天终于撒手西去。在临终前，她在遗诏中宣布去掉帝号，决定以李唐皇室媳妇的身份去见早已长眠于地下的婆家人。

女皇虽死，政治风波却仍未停止。围绕着武则天下葬的问题，又引起了新的争论。原来武则天在遗诏中要求与高宗合葬乾陵。但以给事中严善思为首的一干大臣却认为若重新掘陵合葬，无异于以卑动尊，不合礼制。最后武三思借助韦后和上官婉儿说服了唐中宗，决定执行武则天遗诏，下葬于乾陵。

今天，在陕西省咸阳市的西北方向五十公里外，仍然可以看到高宗夫妇合葬的乾陵。在这安息着两位帝王的陵寝前面并立着两块巨大的石碑，西侧的一块叫“述圣碑”（或称“述圣纪碑”），是为高宗歌功颂德之碑，黑漆碑面，其上有武则天为李治亲自撰写的五千余字的碑文，字填金粉，光彩照人。

东侧的石碑，以完整的巨石雕琢而成，给人以凝重厚实、浑然一体之感。碑首雕刻有八条螭龙，巧妙地缠绕在一起；两侧有升龙图，各有一条腾空飞舞的巨龙；阳面有线刻的狮马图。它就是中国历史上唯一的一位女皇帝——武则天的无字碑。

人们纷纷猜测武则天立无字碑的原因，最主要的说法有三种。

一说武则天认为自己功高德大，不是文字所能表达的。翦伯赞觉得：“武则天是自认为她在位时，扶植寒弱，打击豪门，发展科举，奖励农桑，继贞观之治，启开元全盛，政绩斐然，彪炳史册，远非一块碑文所能容纳，留下空碑一座，以示自己功高盖世。”

二说武则天自知罪孽深重，立了碑文恐怕更招世人骂，还是不写为好。

三说武则天想让后人去评说她的一生。武则天作为一个女流之辈，却能在政治斗争中脱颖而出，并到达了权力的巅峰。她要后人客观地评价她的文治武功，雄才大略，而与她有利益冲突的儿子李显肯定不会对她做出客观、公允的评价。所以，武则天干脆将自己一生的功过是非交与后人评价。

在这三种说法中，第三种最为后世之人普遍认同。

## 长安月下红袖香

武则天的执政唤醒了唐朝妇女沉睡的女性意识，就像是一针兴奋剂，加速了唐朝妇女积极参加社会各项活动。

唐朝妇女学习诗文蔚成风气，仅《全唐诗》中收录的女作者就有100多人，唐人笔下的美好女性几乎无人不能吟诵诗章。长孙皇后喜爱读书，可以著述。徐贤妃4岁能诵《论语》《诗经》，8岁就能写文章。许多著名文士的妻子都是丈夫的闺中诗文之友，诗人元稹的前妻韦氏、继室裴氏，著名才子吉中孚之妻张氏，殷保晦之妻封询都是才女。

唐朝前期的妇女大多大胆追求个性美，多种多样的风格一点不亚于法国巴黎时装周。由于受到胡人的影响，当时很盛行穿胡服、戴胡帽；施面妆也是“浓妆艳抹”。唐朝妇女的日常服装，上身着衫，下身穿裙。衣裙上有瑰丽的花纹，裙子以红、紫、黄等鲜艳的暖色调为主，雍容大气尽显其中。

盛唐时期，社会风气开放，不仅男人喝酒，女人也喝。丰满是当时公认的美，女人醉酒更是一种美。唐明皇李隆基特别欣赏杨玉环醉韵残妆之美，常常戏称贵妃醉态为“岂妃子醉，是海棠睡未足耳”。这种崇尚醉韵的作风，也影响了女性美容化妆的风格。当时，女性化妆时，喜欢在脸上涂上两块红红的胭脂，那是当时非常流行的化妆法，叫作酒晕妆。卢照邻的《长安古意》写到当时贵族妇女的妆饰之盛：“片片行云着蝉鬓，纤纤初月上鸦黄。鸦黄粉白车中出，含娇含态情非一。”

唐朝人的婚姻思想十分开放，对于女子的贞节要求也并不严格。唐朝皇室的公主们不仅流行改嫁，甚至还流行豢养男宠，如果结婚以后与男方感情不和，还可以按照个人意愿与对方和离。而且唐朝女子甚至还享有一定程度上的社交权力，可以同男子一同聚会交流以及参加其他的社交活动。

马克思曾说过，没有妇女的酵素，就不可能有伟大的社会变革，某种程度上说，社会的进步可以用女性的社会地位来精确地衡量。中国自春秋、战国之交进入封建社会以来，社会经济、政治、文化等方面沿着迂回曲折的道路前进，在发展过程中出现过三次高潮，即三次鼎盛局面。而尤以第二次最为兴旺。所谓最为兴旺的第二次，便是以唐朝作为代表。显而易见，武则天在其中所起的作用非同小可。

第四卷

# 盛极而衰

# 登上大唐王朝的巅峰

## 撑死胆大的

李隆基幼年生活在天下大变之时，眼见着曾经辉煌一时的李家王朝，在武则天一番大刀阔斧下的行动之后，逐渐摇摇欲坠，继而轰然倒塌。一个以周为国号，以女子为皇帝的新生政权，如星辰耀月般璀璨升起。

幼年间经历的一系列宫廷政变，让这位李氏家族的后裔，深刻地认识到了宫廷生活的残酷和政治生活的瞬息万变。乍起乍伏的政治际遇，让这位失去了原应拥有一切富贵荣华的没落皇族，养成了坚毅的性格和执着的心性。李隆基从小便希望有一天可以将李氏家族失去的政权重新夺回来。

然而，李隆基心中十分清楚，要夺回如日中天的武则天手中的权力，会面对怎样严酷的困难和危险。

幼年的李隆基，便用韬光养晦、大智若愚的方法，转移了武氏家族的目光，安然度过了最危险的时期，慢慢地成长起来。然而，在他刚刚满7岁那年，一次偶然的事件，多少让世人逐渐认识到了这个没落皇子的厉害。

一次，武氏家族的大周王朝正在举行祭祀宗庙社稷的仪式。李隆基虽然是个没落的皇族子弟，但武则天对于李氏家族并没有做过多的限制，所以李隆基也有机会带着随从参与这次的仪式。

李隆基和随从护卫在走向祭祀场所的路上遇到了一个人，这个人就是时任金吾大将军的武懿宗。此人是武氏家族的宗亲，历来嚣

张跋扈，随着武则天的地位越加稳固，武懿宗也成了掌管京师重地守卫大任的将军，因此武懿宗十分飞扬跋扈、目中无人。

平时武懿宗就看着李家的人不顺眼，更加让他气愤的是，李隆基的人马竟然走到了大道的中心，挡住了他的人马通行。然而，李隆基毕竟是李家的嫡系子孙，武则天都不会过分苛责李隆基，武懿宗再厉害，也不敢直接去找李隆基的麻烦。所以他的一腔怨气和怒火，便悉数发泄到了李隆基的随从护卫身上。

谁知那个护卫却是李隆基的亲信，连李隆基都很少过分责备，更遑论像武懿宗这样肆无忌惮地辱骂。看到亲信受辱，李隆基忍不住立马怒视，对武懿宗大声呵斥。李隆基理直气壮地认为，这是李家人的朝堂，武懿宗一个外人，竟然如此侮辱自己的护卫，实在是太过大胆了。

这样一个7岁孩童发出的呵斥竟然真的震慑住了武懿宗，他目瞪口呆地望着李隆基，不知道用什么去辩驳。而李隆基身边的随从护卫虽然当时扬眉吐气、士气大涨，可是事后也忐忑不安，唯恐这件事情传到武则天耳中，自己难免会遭受无妄之灾。

这件事情最终还真的传到了武则天的耳中。出人意料的是，武则天并没有责罚李隆基，甚至也没有找那些随从护卫的麻烦。或许是武则天根本瞧不上这些人，所以才不屑于责怪他们；或者是因为武则天很欣赏李隆基的胆色和临危应变的能力。

后来事情的发展更是令人意外，李隆基竟然在第二年被封为了临淄郡王，足见武则天对这个年龄虽小但志气却高的孩子的喜爱之情。

上有人垂青，下有人辅佐，自己更有雄才大略。难怪李隆基，能够在武则天在位的数十年间，不断发展和壮大自己。武则天逝世，李隆基毫不犹豫地选择了和实力强劲的太平公主联合，夺取政权的筹码更是得到了大大提升。

李隆基在这一次政变中，功劳无疑是最大的。但是他秉持着百善孝为先的原则，并没有第一时间继承帝位。因为他的父亲睿宗李旦还在世，所以李隆基和太平公主便联手拥立李旦坐上了皇位。而李隆基，则名正言顺地当上了皇太子。

## 请姑姑到地府一游

唐睿宗的帝王生涯实在是很艰难，一方面要保护自己的儿子顺利继承大统；另一方面，又要保护好自己的妹妹长平公主，不要被权力欲蒙蔽了双眼，最终不可自拔。所以，唐睿宗一直在试图调节这二者的关系。

然而，整个新生政权，几乎成了两分天下的局面，一方是以李隆基为首的太子党，另一方则是太平公主的势力，二者相互制衡。

为了废除李隆基，太平公主可没有少下功夫，甚至还搬出了沉寂多年的睿宗长子李成器。只是，李隆基的威望太大了，通过歼灭韦后政权一战，整个朝廷只有他能够与太平公主相抗衡。如果废了李隆基，不仅会招致李隆基的不满而面临政变的危险，还很有可能让太平公主一家独大，重演武则天霸占皇位的一幕。

随着时间的推移，朝中局势逐渐发生了变化，许多大臣转变了立场，从太平公主的麾下投入了李隆基的阵营当中。终于，唐睿宗也选择了放弃皇位。

先天元年（712），唐睿宗宣布退位，让李隆基坐上了皇帝宝座，史称唐玄宗。

开元元年（713），太平公主不能接受自己大权旁落的事实，决心孤注一掷，向唐玄宗下手。不过由于太平公主的实力已经大不如从前，这次她的手段并不是很高明，甚至显得有一些拙劣。李隆基在即位之后，采取了各种削弱太平公主权力的措施，所以到了现在太平公主只能收买宫中御膳房的管事元氏，让她乘人不备，在唐玄宗的御膳中下毒。只可惜因为唐玄宗的防范太过严密，此事只能不了了之。

不过太平公主的性格极为坚毅，她决定以自己的身家性命，豪

赌一把。这一次，太平公主找来了自己集团的骨干力量，决定发动政变，夺取政权。

谁知，唐玄宗早就枕戈待旦，向太平公主发起了进攻。太平公主没有料到，唐玄宗竟然能下定决心对自己动手，因为此时唐睿宗李旦虽已退位，但仍然是太上皇，而且太平公主反迹未露。猝不及防之下，太平公主的骨干集团数十人还来不及反抗，就被御林军杀得片甲不留，而太平公主则仓皇奔逃去往南山的寺庙。

唐玄宗不断稳固自己的战斗成果，将不服从自己的人全部杀掉，同时大肆笼络朝中有实力有实权的文武官员，那些执意不肯归附的官员，都被唐玄宗罢黜了，最后只剩下太平公主孤家寡人。

无奈之下，太平公主只能回到京师长安城中。奇怪的是，唐玄宗竟然让太平公主顺利地回到了公主府，没有施加半点阻挠。或许在他的心目中，此刻的太平公主已经没有了多少威胁。

同时，唐玄宗也明白，太平公主这次是输在了时间上，假以时日，只要自己不加以限制和防范，太平公主必然能够东山再起。为了彻底断绝祸乱的根源，唐玄宗给太平公主下了一道赐死令。绝望的太平公主，最后看了一眼曾经风光无限的长安，最后望了一眼自己一生追求的皇城，最后想了那至高无上的君主大位。是非成败转成空，浪花淘尽英雄，自己这一生，到底得到了什么，又到底留下了什么。

太平公主轻声一笑，安心了，自己终于安心了。唐玄宗如此雄才大略，能够将自诩为巾帼不让须眉的太平公主打败，何愁大唐不能重现过去的雄风？

于是，她饮尽一杯洗尘缘，难相见、易相别，朝如青丝暮成雪。

长安突然下起了大雨，宫人急急忙忙地闯入了唐玄宗的上书房，高声禀报，太平公主薨逝了。

自大周则天皇帝宾天开始，九年时间过去了，整个王朝始终都处于变乱之中，残酷的宫廷斗争，使得大量的人才死于非命，王朝的元气大伤。至此，唐玄宗终于让局势重新返回稳定，一轮落下的红日，即将以另一番浩然的姿态冉冉升起。

## 不是只有刘备才会哭

很明显，李隆基是个心有抱负，富有才华和手段的君主。只要能够找到合适的人来辅佐他，一个黄金时代就必然来临，所幸，唐玄宗遇到了姚崇和宋璟。

姚崇可谓大器晚成，年轻时，因为出生在官僚家庭，衣食无忧，对于民间疾苦不甚了解，所以整日沉溺在吃喝玩乐之中。韶华易逝、人生易老，转眼间姚崇已经年过弱冠，可还是一事无成。眼看家境一日不如一日，政治动荡，民生疾苦，姚崇遂决意发愤读书。

在武则天掌权之时，姚崇便已经入朝为官，许多武则天难以解决的政治难题，他都能上书论政，对答如流。于是，武则天将姚崇派遣为主管刑狱的官员。恰逢武则天推行严刑峻法，主管刑狱的官员大多是酷吏。姚崇为官清廉，执法公正，避免了很多冤假错案的发生，甚至还将那些蒙冤受屈之人放了出来，在朝野上引起很大争议，幸好武则天不拘一格任用人才，见姚崇非比常人，遂连连提拔他。

武则天圣历元年（698），姚崇坐上了尚书的位置，同时还兼任了相王李旦府的长史。可是几年以后姚崇就因为得罪了深受武则天宠信的张易之、张昌宗兄弟，遭到了报复，武则天听信了张氏兄弟的谗言，将他调离京城，转而做了灵武道德大总管。临行之前，为了让朝中局势不至于因为姚崇的离去而发生动荡，武则天便向姚崇咨询，由谁来继任宰相之职较为合适。

姚崇推荐了张柬之。此时张柬之虽然已经年近八十，但仍然老当益壮，把朝中一应事务收拾得井井有条。同时，他还利用职务之便，积极地联络有志之士，积蓄力量准备打击张易之和张昌宗两兄弟的势力。

不久，张柬之联合了桓彦范，与姚崇等人一起，一举除掉了朝中最大的蛀虫——张氏兄弟，并发动政变，拥武则天的第三子李显登基称帝，是为唐中宗。

政变成功了，张柬之、姚崇等功臣，论功行赏，获益匪浅。但是姚崇却整日愁眉紧锁，一副忧心忡忡的样子。这日，在中宗的率领下，众人前去上阳宫向武则天问安。正在路上，一个人的啼哭声引起了大家的注意。这个人不是别人，正是在政变中立有大功的姚崇。原来姚崇在夺取了武则天的权力之后，由于之前屡受武则天的恩德，故而始终心存愧疚。而且他也认识到，虽然武则天被废黜了，权力似乎重新回到了李家正统的手中。但是实际上，斗争远远没有结束，韦后掌权也是迟早的事情。如果这个时候还留在京师，必然会被卷入宫廷斗争，朝不保夕、祸福难料。

经此一事，姚崇被调离朝廷，做了亳州（治所在今安徽亳州）刺史。果然，姚崇去了亳州后不久，张柬之便被杀死。武三思和韦后则相继掌权。后来武三思被杀，中宗更是被韦后与安乐公主毒死，朝中大权彻底落入了韦后母女的手中，直到李隆基发动政变，政权才最终回到了李氏家族的手中。

也正是如此，才让姚崇得以在以后的政治生活中，真正大展拳脚，实现其政治抱负。景云元年（710），继位的睿宗李旦，将姚崇重新调回了京师，做了兵部尚书、同中书门下三品。

算起来，姚崇这是第二次坐上宰相之位。但是这一次，他的政治生命并不是很长久，因为此时朝中大权大都落入了太平公主的手中，眼看着另外一个武则天就要崛起在朝堂之上，姚崇冒着被太平公主记恨的危险，向李旦提出建议。首先剪除支持太平公主的王侯势力，将他们派遣到各个州县去；其次则是将太平公主安置到洛阳，远离京师长安。如此一来，李隆基就能够稳坐东宫太子之位。

谁知唐睿宗不仅没有采纳姚崇的建议，反而将他的想法如实告知了太平公主，这样一来，姚崇就成为太平公主的眼中钉肉中刺。幸好李隆基早就看出了太平公主的企图，为了保护姚崇，李隆基向唐睿宗进言说，姚崇胆大包天，竟敢挑拨他们兄妹的关系，该罚。经过商议，睿宗决定将姚崇贬为地方官。此次距离姚崇上任为宰相，尚不到一年的时间。

## 十事要说说时事

这一天，玄宗率领朝中众臣前去新丰（治所在今陕西临潼东北）检阅军队，按照制度，皇帝在外出巡，方圆三百里范围内，无论官职大小、地位尊卑，所有的州郡官员都需要去皇帝的行宫朝见。姚崇身为同州（治所在今陕西大荔）刺史，应该按照规定前去朝见皇帝。

姚崇赶到时，玄宗正会同文武百官一起游猎，一见姚崇来了，皇帝顿时心下大喜。只是他担心，姚崇年已老迈，还能否出山为自己重整河山，整肃朝政？于是李隆基便问姚崇，是否能够骑马射猎？姚崇当即答道，自己不仅从小就会，而且到了20岁之时，更是精于此道，现在自己虽然老了，却希望还能够以呼鹰逐兽为乐，游戏与江湖之远、山水之间。

唐玄宗见姚崇如此自信，就让他加入了狩猎的阵营，只见姚崇在猎场上挥洒自如、动作矫健、身手灵活，静如猛虎假寐，动若狡兔飞驰。唐玄宗看了，心中大喜，甚是满意，遂决意重新重用姚崇。

狩猎结束之后，姚崇被叫进了唐玄宗的营帐之内。玄宗便向他问及对于当下国家局势的看法。对于玄宗的问话，姚崇成竹在胸、智珠在握。姚崇说得逸兴遄飞、头头是道，让唐玄宗感到心旷神怡、感慨不已，马上表示姚崇应当成为大唐的宰相。

面对皇帝的邀请，姚崇并没有立刻领旨谢恩，他对唐玄宗说，自己有十点意见要说明，只要唐玄宗做到了，自己必将鞠躬尽瘁死而后已，但如果唐玄宗不能做到，则这个看似权倾朝野的宰相一职，自己无论如何也不会去做。

玄宗一听，顿时觉得很有趣，不管姚崇的意见是什么，且让他

说个清楚，再加以定夺不迟。姚崇遂将自己的十条意见娓娓道来。

第一，自唐玄宗做了皇帝以来，朝廷依然延续武则的做法，以严刑峻法治理天下，这不利于安抚人心稳定朝纲，因此他建议废除严刑峻法，以仁义治理天下。

第二，朝廷曾经在青海一带，被吐蕃打败，但是朝廷不但没有收敛，反而变本加厉，连连对外用兵、征战不休。希望朝廷在十年之内，不要妄动刀兵，要休养生息。

第三，宦官制度流弊无穷，一旦宦官专政，就会构陷忠良、搅乱朝纲。但是自从武则天时期，宦官便得到重用，代表朝廷行使权力。所以姚崇便向唐玄宗建议，今后一定要杜绝宦官参与朝廷政事。

第四，自从武氏家族坐拥整个江山之后，许多高官要职都被他们所窃取。后来韦后和安乐公主更是大肆任用外戚家族，导致中宗权力空虚。希望他在以后的执政过程中，能够做到皇亲国戚不在国家要害部门任职。

第五，姚崇又建议唐玄宗，为了做到朝政清明，河清海晏，要严格执法，对于奸佞之徒，不管职位高低、关系亲疏，只要触犯了国家法律，都必须严惩不贷。

第六，整顿吏治，除了正常的国家税赋差役，要大力削减苛捐杂税，这样才能肃清吏治，与民休息。

第七，由于李唐推崇道教，而武则天在位时又大兴佛教，因此自开国以来就兴修了不少道观寺庙，这都是虚耗国库、压榨民力的行为。一定要禁止继续建造寺庙道观。

第八，古人就立下了礼不下庶人、刑不上大夫的古训，而武则天任用酷吏，肆意构陷凌辱朝臣，既有违君臣之礼，又容易造成朝野的恐慌。希望唐玄宗对于臣子一定要以礼相待。

第九，大臣动辄以言获罪会让人们对朝廷感到灰心。姚崇请求唐玄宗，允许臣子犯颜直谏，无所避讳。

第十，姚崇总结了东汉和西汉两朝的经验，深知外戚乱政流弊无穷。请求唐玄宗以此为鉴并且告诫后世子孙，警惕外戚干政。

唐玄宗基本上认同了姚崇提出的“十事要说”，姚崇再次担任宰相的时期，唐玄宗不断推行奖励清廉、精简机构、惩治贪官、选贤任能、裁减沉员、爱护百姓等清廉政治，为开元盛世奠定了坚实的基础。姚崇因为其巨大的功勋被誉为“救时宰相”，与唐太宗时的房玄龄、杜如晦并称为唐朝的贤相。

开元九年（721）九月初三，姚崇带着荣耀和疲惫，离开了人世，享年72岁。经过多年的休养生息，国家的经济状况明显好转，官吏之中的厚葬风气也日益兴盛。但是姚崇深刻了解民间疾苦，不忍耗费民脂民膏为自己大办丧事，于是他吩咐后人不可以厚葬，坚持薄葬，入殓时只穿平常的衣物，抄经、画像等行为，都坚决反对。对于当时社会上流行的尊崇佛教，敬仰道教的风气，姚崇也坚决反对。

对于这一切，姚崇还把它们订立成为家法，要求子孙后代都不得违背，严格执行节俭之风。这件事情，也被后人传为佳话，到了今天，仍然具有重大的教育意义。

## 宋璟也是个好宰相

在唐朝三百余年的历史中，出现了四大名臣，他们分别是唐太宗时期的房玄龄、杜如晦，唐玄宗时期的姚崇和宋璟。宋璟是继姚崇之后担负起将开元盛世推向高潮的宰相，由于姚、宋二人身处同一个时代，因此经常被人放在一起评论，并有“崇善应变以成务，璟善守文以持正”的赞词。

关于宋璟的为官历史，和姚崇一样，也大致可以分为三个时期。武则天当政时期、中宗和睿宗当政时期以及唐玄宗时期。唐玄宗在位时是宋璟仕途的巅峰时期。

宋璟生于高宗龙朔三年（663），是河北邢台南和阎里宋台人。早在北魏和北齐时期，宋璟的祖上便在朝为官。良好的家庭环境熏

陶，加上宋璟自己既聪明又努力，年少的宋璟就十分博学多才。

武则天登基以后，十分重视任用人才，经过仔细观察，武则天发现，宋璟是个率性而刚正的人，于是决定重用宋璟，将他从凤阁（中书省）舍人逐渐提拔为御史中丞。

到了唐中宗在位时期，宋璟因为得罪了权倾一时的武三思，遭到排挤，被调离京师，担任贝州刺史。和姚崇一样，正因为到了外地做官，宋璟才恰到好处躲过了血肉横飞的宫廷斗争。

唐睿宗登基为帝，宋璟被任命为吏部尚书、同中书门下三品（即宰相衔），将政务处理得井井有条。

新官上任三把火，他的第一把火，便是提出了“虽资高考深，非才者不取”的准则，作为朝廷选拔人才的基本原则。第二把火，便是罢免了上千名昏庸无能的官员。这些官员大多数是太平公主的势力，宋璟这样做，引起了太平公主的坚决反对。但宋璟不但没有理会太平公主咄咄逼人的气势，还顺势烧起了第三把火：请太平公主远离京师，到东都洛阳居住，这样一来，就能够有效防止太平公主的不轨举动。只可惜，太平公主的势力实在是太过强大，以至于宋璟这个宰相并没有做多久，便在太平公主的排挤下遭到罢相，逐出京城，被贬为楚州刺史。

直到李隆基夺权登基，宋璟又被任命为广州都督。这个官职听来显赫威风，但是今天繁华热闹的广州在唐朝时还是偏远落后的贫陋之地。不过宋璟并不怨天尤人，到了广州，宋璟一心扑在了民生的改善上，并且亲力亲为地教会百姓以砖瓦来建造房屋以取代之前简陋的茅屋和草屋，这样一来，不仅改善了百姓的居住条件，也使得火灾的发生大量减少。广州一带百姓因为宋璟的廉洁清正、勤政爱民，对宋璟赞不绝口。他的这一名声也顺利地传到了姚崇的耳中，姚崇多次向唐玄宗引荐宋璟，称赞他是勤政廉洁之人，是大唐不可多得的人才。

开元四年（716），阔别京师多年的宋璟回来了，并被李隆基任命为刑部尚书。后来，姚崇在辞官之后，向皇帝建议，让宋璟做了宰相。宋璟再次拜相之后，依然沿袭“虽资高考深，非才者不取”的为官准则。

为了整肃朝纲防止奸佞之人在唐玄宗耳边进献谗言，宋璟向唐玄宗进言，认为朝堂上下，无论官职高低，只要在皇帝面前奏论政事，就必须要有谏官在一旁监督，史官在旁边记录，以防止那些有不轨举动之人，做出不利于江山社稷的事情。这种做法被唐玄宗采纳，取得了良好的效果。

宋璟的这个建议，虽然是防范小人谗言的有效措施，但是却也限制了皇帝的自由，侵犯了皇帝至高无上的特权。而唐玄宗能够坦然接受，也显示出了他的广阔胸怀和对于宋璟的极大器重。据传，唐玄宗当时像对待老师一样对待宋璟，宋璟一来，唐玄宗便出门相迎，宋璟要走，唐玄宗便一定会出门相送，如此一来，不止极大提高了宋璟在朝中的权威，还使得君臣之间的关系变得和睦。以往用人唯亲的朝廷制度，也随之而改变；奸邪小人诬赖忠臣良将的事情，从此更是少见。应当说，唐玄宗与宋璟的君臣相得，奠定了开元盛世的政治基础，正是由于他们的努力，才有了开元初年的朝政清明、国泰民安。

## 出家的作用

武则天在早年刚刚入宫之时，曾经为李治生下了一女，只是后来在宫廷斗争中，成了牺牲品。太平公主便成为武则天唯一的女儿，一直深受母亲的宠爱。

关于太平公主这个称呼的由来，还有一个典故。她出生以后并没有立刻获得太平公主的封号，8岁的时候，她的外祖母杨氏去世，由于李唐自认为是老子后裔，崇尚道教，公主出家修道蔚然成风，于是武则天授意太平公主出家做女道士为杨氏祈福。这件事给她带来的不仅是“太平”这个道号，而且让她名正言顺地躲过了远嫁边疆异域的命运。

原来，吐蕃赞普听说大唐有一个深得帝后宠爱的美丽女儿便派遣使者前来求婚，还声称非太平公主不娶。武则天自然不想爱女和亲，就连李治也舍不得这个女儿远嫁吐蕃。

但当时的吐蕃十分强大，为了维持大唐和吐蕃的友好，朝廷又不可以直接拒绝吐蕃使者。于是，李治和武则天便告诉吐蕃使者，太平公主早在8岁之时，就已经出家修道了。为了让吐蕃使者彻底死心，一直住在宫中的太平公主还离开宫廷，住进了专门为她修建的太平观。

开耀元年（681），武则天将16岁的太平公主下嫁给了城阳公主的二儿子，也就是唐高宗的亲外甥薛绍。据说武则天出于对太平公主的宠爱，竟然改变了父母之命、媒妁之言的习俗，允许太平公主自由恋爱，薛绍这个驸马就是她自己选中的。

结婚之后，太平公主或许是真的找到了真爱，所以一改骄奢高傲的性格，一直安分守己、孝顺长辈，不久之后还有了孩子。

只可惜天不遂人愿，就在太平公主准备相夫教子之时，唐朝宗室李冲竟然谋反了，其中还牵连到了薛颤和驸马薛绍。武则天作为一个政治家，在权力受到威胁的时候，并不会因为顾及亲情而手软。

于是她以迅雷不及掩耳之势，诛杀了薛颤，并派人逮捕了薛绍，不顾太平公主的哀求，将其杖责一百，投入天牢之中。薛绍死在狱中，而此时太平公主与薛绍的孩子才刚刚满月。

叛乱平息之后，冷静下来的武则天看到悲痛憔悴的女儿觉得心痛不已，她渐渐地明白，自己也许对女儿太过残忍了。于是为了表示自己的歉疚，武则天破例赐给太平公主封邑一千二百户，而自唐朝立国以来的数十位公主从无一人超过食封邑三百五十户的惯例。

或许太平公主正是因为这件事情，才从原先年少轻狂、天真单纯的公主逐渐蜕变为一个像她母亲那样外表柔弱、内心刚强的政治家。

# 第二章 巅峰背面的陡坡

## 名字好记人吃香

唐玄宗时期既是将大唐盛世推向巅峰的辉煌时代，也是三百年唐朝历史由盛转衰的重大转折点。唐玄宗在位数十年，在其统治后期，帝国内部逐渐出现了许多危险的蛛丝马迹。

开元初年的名相姚崇、宋璟相继辞相之后，唐玄宗安排了源乾曜、张嘉贞继任。张嘉贞是蒲州猗氏（今山西临猗）人，颇得武则天的欣赏和提拔，经过一段时间的历练武则天便将他外放出去做官。

唐玄宗即位以后，提升张嘉贞为天兵军节度使。然而不久，竟然有人上书弹劾张嘉贞在天兵军奢侈僭越、贪赃行贿，调查核实后，却发现此事纯属诬告。按照唐朝的法律规定，诬告者他人是要判处反坐之罪的。

张嘉贞劝谏玄宗不要因为处置一个诬告者而堵塞了天下言路。从此之后，唐玄宗就记住了这位肚里能撑船的天兵军节度使。

开元八年（720），宋璟、苏颋相继离职，玄宗又想起了张嘉贞，可是一时只记得他北方某地的节度使，于是只得连夜命人召来负责草拟圣旨的中书侍郎韦抗。

韦抗想了又想，试着说道："张齐邱现任朔方节度使，皇上说的莫非是他？"

唐玄宗念了念张齐邱的名字，觉得可能就是他了，就命令韦抗当场在御前草诏。写好诏书之后天也快亮了，韦抗回到值班的地方补觉，谁知韦抗刚刚睡着，又有宦官来召他去见皇帝，进入寝宫之后，玄宗对他说：“错了！错了！不是张齐邱，是天兵军节度使张嘉贞！如果不是朕偶然看到张嘉贞的奏章，几乎任命错了人。”张嘉贞就这样一波三折地成为新一任的大唐宰相。

然而张嘉贞虽然很有才干，处理政务井井有条，却性格强势，颇有点刚愎自用，所以得罪了不少人，其中就有张说。

张说比张嘉贞年长两岁，也是在武则天统治时期进入朝廷的，唐中宗复位以后，张说被任命为兵部侍郎，而张嘉贞则在他手下做兵部员外郎。本来面对一位既比自己年长，又曾经是自己上司的同僚，张嘉贞拜相之后虽然官位高过了张说，也应该表示出足够的尊重，但是张嘉贞对张说态度倨傲、毫不谦让，这让张说十分不满，二人就此结下了矛盾。

开元十年（722），秘书监姜皎犯了罪，张嘉贞奏请玄宗将姜皎处以杖刑，不久以后姜皎就因为带着重伤被流放而死在了路上。没过多久，广州都督裴伷先也因事被捕入狱，张嘉贞又请玄宗施以杖刑。

时任兵部尚书的张说趁机进言道：“臣听说刑不上大夫，因为大夫们是天子的近臣，又有古语说士可杀不可辱。当初姜皎是三品大员，也曾为国立功，如果他犯了罪，那么就应该按律判刑，该斩则斩，该流放就流放，岂能随意用杖刑来侮辱他？逝者已矣，此时已经无法弥补。现在又出了个裴伷先案，臣以为裴伷先应当根据案情或贬官或流放，不可以轻易处以杖刑。”

退朝以后，张嘉贞很不高兴地质问张说：“你要进谏，就事论事即可，为什么要如此大做文章？”

张说道：“宰相之职岂是一个人能够长期占据的位子？如果高官重臣均可以随意杖责，那么恐怕你我也早晚难免此噩。我今天不是为裴伷先说情，我是为天底下的士大夫进言！”

果然，到了第二年张嘉贞的弟弟金吾将军张嘉祐被人揭发出有贪赃之事，张嘉贞十分担心自己会受到牵连。张说让他以弟弟受到

弹劾的名义暂停办公、素服待罪，以示自己高风亮节。

暂时离职的张嘉贞失去了面见皇上进行解释的最后机会，很快就被贬为幽州刺史，而张说则补上了中书令的空缺。

张说刚愎暴躁的脾气与张嘉贞如出一辙，所以这位新宰相的人际关系也并不比张嘉贞高明多少。

后来张说奏请唐玄宗举行封禅泰山的大典。根据开元盛世的繁荣景象，举行一次封禅大典，唐玄宗也是当之无愧。然而张说却利用封禅后，凡三公以下官员可以升官一级的规定，大肆提拔、任用亲信。例如，张说的女婿郑镒，原本是九品官，竟然连升数级，一跃而升到了五品。

后来玄宗知道了郑镒升为五品，觉得很惊讶便询问这是怎么回事，有人回答说："此乃泰山之力也。""泰山"是双关语，表面上是说郑镒因为封禅泰山的大典而升官，实际上是在讽刺他的泰山大人也就是岳父张说滥用职权、任用私人。

此事之后，张说失去了玄宗的信任。宇文融见张说已经失宠，便联合时任御史中丞的李林甫等人弹劾张说。张说被下狱审讯，他执政的时代就此结束。

张说为人虽然有这样那样的问题，客观而言，他三任宰弼，政务娴熟，根据国情对政治军事制度进行了有效的改革。

## 风度得如九龄否

张说以后数年，玄宗朝还有一位比较著名的贤相，他就是张九龄。

张九龄，字子寿，仪凤三年（678）出生在韶州曲江（今广东韶关）的一个普通的家庭中，故而后世之人又称其为张曲江。

张九龄自幼文采出众、才华横溢，30岁之时，他便以第二名的成绩中了进士，被授予校书郎之职。李隆基尤其喜好文学，像张九龄这种人，性格耿直、文采出众，正是唐玄宗所钟爱的人才。张九龄在刚刚上任做校书郎之时，便向唐玄宗陈述了自己的为政基旨，言辞恳切、道理清晰。唐玄宗从这份上书中发现了张九龄的谏言之才，也意识到自己在为政之时所需要注意的事情，所以当即任命张九龄为右拾遗。

右拾遗是谏官的一种，主要负责向皇帝奏论政事，陈述得失，并且有推举遗贤的职权。正是在右拾遗的职位上，张九龄第一次展露了他的政治才能和识人用人的眼力，为他日后的仕途晋升打下了良好的基础。

一个人有着惊世的才华和过人的胆识勇略固然很重要，但孤身一人却难以成就大事。只有获得了足以决定自己前途的人的赏识，自己才能够有更大的可能性成功，张九龄找到的这棵大树就是当朝宰相张说。

张说这个人虽然政治作风问题很多，但是却极有才华，是当时的文坛领袖，也很看重人才，喜欢奖掖后进，提拔文学造诣高的后学之士。张九龄文采风流，因此倍受张说的器重。

有了张说的支持和唐玄宗的看重，张九龄很快就被提拔为中书舍人。中书舍人相当于皇帝的秘书，经常有机会与闻重要的国家大事，甚至于是宰相的任命和罢黜，这段经历为张九龄日后入主中枢提供了极佳的学习机会和资历积累。

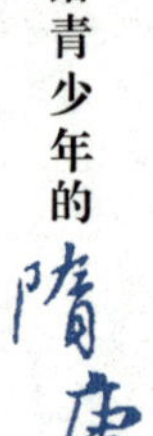

接触真正的国家大事之后，张九龄很快就展示出了比张说更加敏锐的政治头脑，在张说与宇文融的权力之争中，张九龄曾多次为张说提供正确的建议，然而却未获采纳。后来张说被迫罢相，张九龄也受到牵连，暂时离开了朝廷。不过由于唐玄宗看重张九龄的才华，张九龄很快又得到重用，被召回了朝廷。开元二十二年（734），张九龄被任命为中书令，正式成为宰相。

然而张九龄的拜相并不代表着张九龄时代的来临，因为另一位名传后世的“名相”也在崛起。他善于权谋，善于运用法家的势，甚至整个唐朝由盛到衰的转变，也在他的手中逐步完成。相信许多人已经想到了他的名字——李林甫。

## 张九龄与李林甫

李林甫“柔佞多狡数”，靠着巴结逢迎的手段爬上宰相高位，他因为权倾朝野而闻名天下，也因为杀伐果断而让世人胆寒。有人为李林甫的一生做了一个定论：“口有蜜，腹有剑。”

李林甫读书不多，但却有着过人的投机钻营的技巧，在位期间，着力于堵塞言路，打击异己，所以最终他以反传统的方式，坐上了宰相的大位，把持唐朝政局十九年。

李林甫从亲缘关系来讲，他还是唐高祖堂弟长平王李叔良的曾孙。他的舅舅姜皎，是帮唐玄宗登基大统的功臣之一。正是凭借姜皎的帮助，加上自己的努力，李林甫才能够顺利地来到太子身边，并很快当上了国子监的一名官员。

国子监云集了天下英才、宗室权贵之子。李林甫不失时机地给那些人以力所能及的好处，以便结交和网罗一大批门生故吏，不久之后，李林甫便奠定了雄厚的政治根基。

在姚崇和宋璟这样的贤相辅佐下，唐王朝取得了开元之治的伟大成就。然而，一个依靠几个人而屹立而起的王朝，很难同用制度法律约束下的盛世一样来得长久。因为开创唐朝盛世虽然有明君贤相的重要因素，但是均田制和府兵制的创立，符合国情的军队制度和土地制度更是盛世的保障。

随着时局的发展，均田制和府兵制都遭到了破坏，新近创立的募兵制虽然有一定的实际作用，但执行者才是关键，由于制度的不严格执行，致使原本掩藏在帝国内部的危机逐渐显露了出来。隐藏在繁华之下的深度危机，如同一颗会生长的毒药，逐渐生根发芽。

正在唐玄宗苦思自己国家发展的前途之时，李林甫不失时机地走入了唐玄宗的视野。

李林甫为人处世有一个特点，即注重原则秩序，不管人情世故，他认为国家的一切都需要一个良好的秩序，要实现这种秩序井然的面貌，就必须以法治国。李林甫最终顺利地进入了唐玄宗所领导的政治中枢，开始了他左右天下、只手遮天的为政生涯。

开元二十三年（735），唐玄宗再次加封张九龄为金紫光禄大夫，累官封他为始兴县伯。为了遏制张九龄权势的扩张，李林甫向唐玄宗推荐了自己的心腹牛仙客，此人是小吏出身，没有经过正规的科举，因此颇受进士出身的张九龄的歧视。事实上牛仙客在治理地方上很有一套，他在河西节度使帐下任职时，节省公费过万，他所管辖的仓库充实，而且其中储备的器械也很精良，可见他治理得当。唐玄宗打算提拔他做尚书，谁知却遭到了张九龄的严重反对，于是玄宗只能暂且压下此事。

第二天，李林甫对玄宗说："牛仙客有宰相之才，如何不能做尚书？张九龄是书生酸腐顽固的见识，实在是不识大体。"玄宗对于张九龄生出了不满。

此事反映了张李之争的本质内涵和唐玄宗治国思想的转变。张九龄和李林甫的冲突，看似是单纯的相位争夺和政治上的争权夺利，事实上其后存在广阔的社会文化因素。张九龄代表传统儒家士子，而李林甫则代表着看似不学无术却注重实践的法家人物。二者一个注重名节名声，一个关心实际和利益，最终的斗争必然会爆发。

张九龄和李林甫之间本质的不同，决定了他们在唐玄宗眼中所扮演的角色的不一样；再往深一点考虑，张九龄出身于平民，有着书生意气的政治理想；而李林甫则是传统的贵族，要维持贵族的特权。维持官僚政治，是他们这个阶层最为原始的诉求。很不幸的是，这两种政治理想在一个不合适的时间与不恰当的地方交汇，所产生的结果，就是一场没有硝烟的战争。最终张九龄彻底地输给了李林甫，从大唐的中枢地位上摔了下来。

在英国学者崔瑞德《剑桥中国隋唐史》一书中，对于张九龄有一番评价："张九龄是一个有名的难以相处的人，拘泥、固执、碍事，并且对一些小的原则问题斤斤计较；他心胸狭窄，偏见很

深。”也就是说，之所以张九龄和李林甫会在中枢机构中爆发那么大的矛盾，与张九龄的个人性格缺陷有着密切的关系，而这似乎与中国历代所认为的张九龄清和风度背道而驰。

在唐玄宗早期执政过程中，君王和大臣之间的关系始终是相对的平等和轻松，对于张九龄的风度，唐玄宗由衷地赞赏。只是随着晚期唐玄宗的安于怡乐，对于掌控的重视，唐玄宗对于张九龄的政治风格不再包容。

## 马不能随便叫，人更不能随便叫

天宝元年（742）七月，牛仙客逝世。此前，宋璟和张九龄都去世了。其他几个前宰相中的裴耀卿死于天宝二载（743），萧嵩已被贬到地方。此时的中央，已经没有任何人可以和李林甫抗衡，即使是唐玄宗，也被他蒙在鼓里，不仅不知道朝堂变故，更不了解民间百态。

李林甫成功实现了一家独大、独揽朝纲的野心，朝廷已经成为李林甫的一言堂，只有李林甫握有针对皇帝的话语权，任何敢于发出不同声音的人都被赶出了朝廷。

但从另一个角度而言，李林甫在行政为官上也取得了前所未有的成功，整个帝国在他的一系列改革下，运转得井井有条，极大提高了行政效率。贵族们因为李林甫暂时的宽容和支持，得以获取更多更稳固的权力。

然而，所有的一切都不外乎平衡的结果，牛仙客、宋璟、张九龄等人在世之时，会对李林甫形成制衡，迫使他勤于政务，小心谨慎。即使是牛仙客，对于他也不是绝对的言听计从，手握重权的牛仙客，事实上也起到了平衡朝中权力的效果。所以当牛仙客驾鹤西去之后，这种平衡便被打破了，原本安定团结的政治局面，稳定繁荣的社会背景，在不知不觉之间也发生了一些改变。

牛仙客死后，继任宰相的人是李适之。和李林甫一样，李适之是朝廷中的重要成员，而且还是太宗直系中地位较高的一支后裔。为了有效抵御山雨欲来的朝廷局势，削弱李林甫的个人影响力，唐玄宗不得不采取措施，实现最初那般朝局的平衡。

李林甫从来都不能容忍别人对他的宰相之位有任何威胁，为了震慑有入相之心的李适之，李林甫便在李适之担任兵部尚书的时候指使人检举他手下的兵部铨曹有贪赃舞弊之事。由于唐玄宗也清楚此事其实是李林甫针对李适之的斗争，因此也就不了了之了。

为了壮大自己的实力，李适之在一开始之时便网罗了一大批和自己志同道合，有着共同利益的朝廷重臣，其中不乏六部尚书、受玄宗信重的宠臣和握有军权的将军。他们无论是在财政还是在军事上，都具有强大实力，让李林甫也不得不退避三舍，敬让三分。

按照唐玄宗的预想，只要双方能够互相制衡，一心为了朝廷，那么自己便可以坐享其成。却不料一个偶然的事件，使得这一平衡很快便被打破。

天宝三载（744），时任吏部尚书的李林甫，在选才考试之时，经常要些手腕，去扶持自己的人。一个胸无点墨的浪荡游子因为和李林甫有交情，竟然杀出重围，获取了头名。这让朝中议论纷纷，很多人敢怒不敢言。

李适之派遣了一位朝中以耿直成名的官员，让他去边关将这件事情告诉安禄山。当今天下，也只有他一点也不惧怕李林甫了。此时的安禄山，担任着东北范阳和平卢两镇节度使，手握重权。

安禄山将这件事情告知了唐玄宗。边将干预朝政，本就为历代皇帝所不许，此番可算是开了先河，唐玄宗遂对此事进行了彻查，首先开始重新考试，结果那个获取头名之人交了一张白卷。玄宗见此情景，自然大怒，遂将主考的两个吏部侍郎发配边关。

本以为遭受了这次打击之后，李林甫会有所忌惮和收敛，谁知，李林甫不仅向唐玄宗进献谗言，还离间了李适之阵营中的重要人物，使他们相互争斗，两败俱伤，远离了权力中心。李林甫则成功地坐收了渔翁之利，将自己的心腹填上了他们的位置。

然后李林甫变本加厉，进一步打击李适之阵营，他派自己的亲信杨慎矜向玄宗告发太子李亨竟然伙同皇甫惟明和韦坚等人策划政变谋反。遭到陷害的几人中李亨是李林甫试图扶寿王李瑁上位失败后被立的太子，自然遭到了李林甫的忌恨，而韦坚和皇甫惟明则站在李适之一边，反对李林甫。

当然，唐玄宗经过调查，发现这件事情很可能并不属实，但也找不到他们没有谋反的证据。于是，皇甫惟明和韦坚遭到贬谪，被赶出了朝廷。而太子没有受到影响。李适之也没有受到牵连，但他的势力遭到了极大的削弱。

忧心忡忡之下，李适之不得不辞掉宰相一职，在东宫担任闲职。自此，李林甫独揽大权。

## 拈朵微笑的花

在陕西省扶风县城北十公里的法门镇，有一座举世闻名的庙宇。1987年春天的那个佛诞日，“从地涌出多宝龛，照古腾今无与并”，在沉寂了1113年之后，2499件大唐国宝重器，簇拥着佛祖真身指骨舍利重回人间！

法门寺是隋、唐皇家寺院。唐代皇帝先后八次来这里迎奉舍利，每次迎奉之后，皇帝便回赠大量珍宝，这些珍宝便藏于地宫之内。

在唐朝，佛教的发展呈现起伏不定的状态，这从当朝统治者对佛教的态度可见一斑。太宗李世民倡道教，但他依然支持玄奘译经。高宗李治和武则天都崇佛，至玄宗李隆基亦是崇奉佛教。后来的宪宗皇帝李纯曾在皇宫中迎佛骨。因此在盛唐时期，佛教的发展十分兴盛，直到唐武宗才有了崇道抑佛的举动。他大举灭佛，不过那已是公元9世纪的事情了。

在唐朝中期，佛教发生了一场改革运动，形成一个新的宗派，这就是禅宗。禅宗盛行以后，其他宗派的影响逐渐衰微，甚至消失，“禅”成为佛教和佛学的别名。禅宗是完全中国化的佛教，受魏晋玄学影响甚深，是天竺佛教文化与中国本土文化长期冲突融合的产物。禅宗五祖弘忍能“缄口于是非之场，融心于色空之境”，这种超脱无碍的处世态度与魏晋士风颇为接近。自弘忍之后，禅宗的中国化发展进入了一个新境，出现了禅宗南宗。

弘忍命门下弟子做偈，想从中选拔一个继承衣钵。一个舂米行者慧能诵出“菩提本无树，明镜亦非台，佛性常清净，何处有尘埃”，相比于神秀所作“身是菩提树，心如明镜台，时时勤拂

拭，莫使有尘埃”，说得更彻底。自此禅宗分裂为南北二宗。神秀所立北宗主张通过长期苦修，逐渐开悟成佛。北宗比较重视戒律，强调打坐修行。慧能得弘忍秘传《金刚经》，携袈裟远遁岭南，开创禅宗南宗。

唐代禅宗之盛行，其开始在武则天时代。那时唐代，一切文学艺术正在含葩待放，而禅宗却如早春寒梅，一枝娇艳的花朵，先在冰天雪地中开出。

禅宗的精神，完全要在现实人生之日常生活中认取。他们一片天真，自由自在，正是从宗教束缚中解放而重新回到现实人生来的第一声。运水担柴，莫非神通。嬉笑怒骂，全成妙道。中国此后文学艺术一切活泼自然空灵的境界，论其意趣理致，几乎无不与禅宗的精神发生内在而深微的关系。

# 第三章 此恨绵绵无绝期

## 好话一箩筐

安禄山的家庭背景一般，其父亲不过是一个碌碌无为的胡人，其母亲的地位倒是比较高，是阿史德氏突厥的女巫。

安禄山长大成人之后，生得魁梧雄健，性格却狡黠多智、善揣人意而又凶狠毒辣。长期生活在北方多民族杂居地，安禄山结识了史窣干（史思明），两个人都以凶猛善斗闻名。

当时范阳节度使是张守珪，安禄山遂加入其军中，和史思明一起做了捉生将。不久安禄山便因功擢为偏将，此后他更加奋勇争先。安禄山如此争气，张守珪看到了其远大的前途所在，便收他为义子，并且大加拔擢。

天宝元年（742），安禄山再次一飞冲天，成为驻守边疆的藩镇的最高军事统帅——平卢军节度使并兼柳城太守，押两蕃、渤海、黑水四府经略使。唐玄宗一直听使者说及安禄山才华横溢，清正廉洁是国之栋梁，于是下旨，让安禄山入长安相见。

为了得到皇帝的喜欢，安禄山不惜欺君罔上。如开元二十八年（740），御史中丞张利贞为河北采访使，安禄山抓住这个机会大加讨好，使张利贞满意而归。回到长安之后，张利贞在玄宗面前大力赞扬安禄山，从此安禄山平步青云。尝到甜头的安禄山找到了升迁之路，对此后的使者无不尽力巴结讨好，让他们在玄宗面前为自己多说好话，安禄山逐渐得到了唐玄宗的信任和看重。

唐玄宗便任命安禄山代替裴宽兼任范阳节度使。安禄山遂进一

步结交中央权贵，礼部尚书、河北黜陟使席建侯、宰相李林甫和裴宽等人都时常在玄宗面前大力赞扬安禄山。安禄山即将回去之时，为了表示对他的特别待遇，玄宗特命诸司侍郎、中书门下三品以下正员外郎长官、御史中丞等人到鸿胪寺亭子给安禄山践行。

再次入朝之时，唐玄宗感念他的忠心耿耿，遂让杨贵妃与之兄妹相称。然而安禄山却不这样认为，他知道此时杨贵妃为六宫第一人，即使自己比杨贵妃大了18岁，安禄山还是甘之若饴地认她做了义母。此后，安禄山便有了随意出入禁宫的权力。

除了善于巴结上司，揣测人的心意，安禄山还特别喜欢迎合唐玄宗的喜好，以自己肥胖的身躯跳舞，旋转自如，“其疾如风”。这让唐玄宗和杨贵妃更加地亲近他。

随着安禄山地位的日益提高和巩固，朝廷之中也是风云变幻。

自李林甫死后，杨国忠不仅升迁做了宰相，还兼任了中书令和吏部尚书。许多在李林甫时期被其掌控的财政部门都被杨国忠控制，从此唐玄宗的吃喝住行的开销，都由他打点，户部没了尚书和侍郎，杨国忠实际上已经控制了唐帝国的财政大权。

然而，杨国忠并不满足现状，虽然中央是他说了算，但是地方上听不听，则是边镇节度使说了算。尤其是安禄山兄弟，史思明、高仙芝、哥舒翰等军事大佬，一朝没有被削弱权力，就一直是杨国忠的心头大患。尤其是安禄山，大唐的东北和北部边镇都被他牢牢地控制住，二十多万兵力在他的掌握之中，形成大唐的肘腋之患。

## 如意算盘落空

安禄山与安思顺、哥舒翰三人均为强大藩镇的首领，然而安禄山与河西节度使安思顺虽然一向关系密切，但是二人一直与陇右节度使哥舒翰不和。

总体而言，安禄山的实力要强上哥舒翰一筹，他和其兄弟控制了三个边镇，军事实力一时无两。但是哥舒翰的军队不仅数量庞大，而且战力惊人。常年征战的哥舒翰部，让敌人闻风丧胆，原本其兵力总数就达到了十四五万人马，后来哥舒翰大肆扩充军力，先后分别在陇右建立了八支新军，在河西建立了一支军队。建军之后，哥舒翰丝毫不放松训练，其战力比之久经战场的老兵也是丝毫不让。

正是因此，杨国忠选中了哥舒翰与他达成联盟，共同对付安禄山。为了表示诚意，天宝十二载（753）八月，杨国忠以哥舒翰在与吐蕃的战争中立下功勋的名义上表为其请封，加哥舒翰河西节度使，封西平郡王。有了哥舒翰的制约，安禄山始终不敢对朝廷生出二心。

在杨国忠看来，要限制住安禄山，仅仅在他身边放上一副镣铐并不足够，他还要在其与唐玄宗之间加上一道封死的门。于是杨国忠对唐玄宗说安禄山将要谋反，玄宗自然不信，杨国忠说："口说无凭，请陛下宣召安禄山入朝，他肯定不会来的，因为他已经准备好要造反了。"唐玄宗不疑有他，果然派人宣召安禄山来京。杨国忠本以为这次阴谋一定能够得逞，谁料安禄山竟然大大方方地来了。从此以后唐玄宗十分相信安禄山的忠诚，再也不相信杨国忠反复强调安禄山要造反的话了。

为什么杨国忠的如意算盘落空了呢？这是因为安禄山在京城有内线，他就是御史中丞吉温。吉温因此本来是魏郡太守，后来因为帮助杨国忠打倒李林甫登上相位，而被杨国忠升为御史中丞，离开魏郡之前吉温曾经向安禄山辞行。

安禄山趁此机会与他密谈一番，将其拉拢过来，然后又极尽礼遇。吉温离开时，安禄山派自己的儿子安庆绪一路护送直到他出了辖区，甚至为吉温牵马坠镫。吉温便选择与安禄山结盟，将朝廷中的风吹草动都派人通知安禄山。

安禄山趁机请求玄宗允许他兼领一些饲养战马的差事，唐玄宗就封他为内外闲厩使和陇右群牧使。然后他又请求让御史中丞吉温给他做闲厩副使，唐玄宗也欣然答应了。

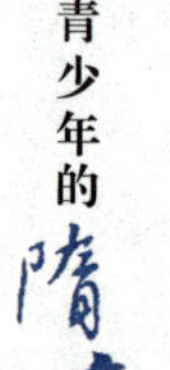

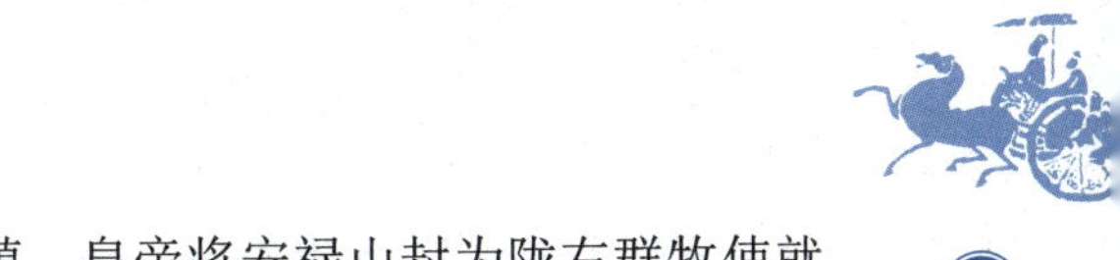



陇右镇是哥舒翰控制的藩镇，皇帝将安禄山封为陇右群牧使就是让安禄山的手伸到了哥舒翰的地盘上，虽然有着制约哥舒翰的作用，却在很大程度上增强了安禄山的实力，也削弱了哥舒翰和杨国忠的力量。要知道全国骑兵所依赖的国家牧场都集中在河西和陇右一代，安禄山的三镇节度使兵力总数虽然比哥舒翰要多，但是在骑兵和战马的实力方面则远远不如，通过这一职位，安禄山不仅可以名正言顺地获得哥舒翰的军事实力动向等信息，还可以肆无忌惮地为自己军队挑选战马，弥补自己军队的不足。

之后，安禄山向玄宗要求的是对于自己藩镇的无限制人事任免权。如果答应了他的要求，那么朝廷对安禄山就失去了控制权，但对于这样荒唐的要求，唐玄宗竟然不假思索地答应了。

很快，安禄山帐下顺从他的人有五百多名被升为将军，另有两千多人被升为中郎将，为不久以后的造反大业收拢了人心。

杨国忠本来打算离间安禄山和唐玄宗的关系，岂料反而将玄宗对安禄山的宠信推到了巅峰，真是偷鸡不成蚀把米。

## 反了就是反了

朝廷的斗争风云变幻，杨国忠成功地解除了陈希烈对他的威胁，并赶紧物色自己满意的宰相人选，很快他便看中了吏部侍郎韦见素。

韦见素出身于当时的名门望族，而且还通过科举考试考中进士，就此出仕做官。他为人随和，很少与人争执，所以人缘还算不错。在杨国忠的推荐下，韦见素很快被任命为兵部尚书，加同平章事，成为杨国忠新一任的橡皮图章。

杨国忠为了保全自己的地位忙得不亦乐乎，千里之外的安禄山也没有无所事事。天宝十四载（755），安禄山派遣副将何千年入朝觐见，请求罢免三十二位汉族将领，代之以少数民族将领。在唐玄宗看来，让少数民族担当边关将领，是李林甫时期就订立的政策，这么多年过去，收效也不错，因此安禄山此举似乎并无不妥，于是便要同意，并发给告身。

韦见素虽然比较听杨国忠的话，但并不是没有主见之人。他见到安禄山不敢亲自入京朝见，又提出这样的要求，认为不能再继续姑息，于是找到杨国忠，约定第二天一起向唐玄宗进言。但是玄宗却全然不信。

本来按照杨国忠、韦见素之前的商议，此时杨国忠应该挺身而出继续说服皇帝拒绝安禄山的请求。但是从玄宗脸色不好就知道，只能无功而返了。

杨国忠虽然没有按照商量好的去帮助韦见素劝阻唐玄宗，然而却并不是不把安禄山的威胁放在心上，他回去以后苦思冥想多日，终于想到了一个绝妙的好主意，于是他去见唐玄宗说："安禄山不是想当宰相吗？那就让他当，当了宰相他势必就得入京，不能再在地方上做节度使了，然后再另找三个人分别担任他空出来的范阳、平卢、河东三镇节度使的位子。到时候安禄山如果无意谋反，自然可以安心为皇上效力，如果真有不臣之心，那么他身在京城，三镇又被别人掌握，安禄山内外不能相顾，还能有何作为呢？"

唐玄宗听了以后想了很久，觉得这确实是一个好主意，但是前面刚刚传来安禄山的捷报，玄宗担心，如果将安禄山调离边关，会引起动荡。

再三考虑之下，唐玄宗派出自己的心腹宦官璆琳以押送皇帝赏赐安禄山的珍异果品为名前去调查一番，把事情弄个一清二楚、水落石出。只可惜他的这位心腹在大量金银珠宝面前经不起诱惑，璆琳在唐玄宗面前盛赞安禄山忠心为国绝无二心。

玄宗听完自己的心腹汇报后，顿时如同吃下了一颗定心丸。就这样，最后一个避免安史之乱的机会就此被错失。

杨国忠知道，只能找出其谋反的证据，才能彻底扳倒安禄山。新近上任的京兆尹，是杨国忠的心腹，在杨国忠的授意之下，京兆尹带人包围了安禄山在长安的府第，并且逮捕了安禄山的心腹幕僚

李超等人，送到御史台严刑逼供。谁料反复拷问之下竟然没有得到什么有价值的证据，杨国忠一怒之下，只能命人将李超等人全部秘密处死了事。

安禄山接到消息，造反之心越加坚定。七月，安禄山上表请求向朝廷贡献三千匹马，同时每匹马配两名马夫，还有安禄山手下的二十二名将领护送。安禄山这是要将一支三千骑兵、三千步兵、二十二名将领的亲信部队开到京城。

看到如此危险的情况，唐玄宗似乎也有些醒悟了。正好上次派去查探安禄山虚实的宦官璆琳受贿一事被揭发了出来，由此唐玄宗认定安禄山必反。

唐玄宗面对爪牙已利、羽翼已丰的安禄山手足无措，只能用起了杨国忠的老办法，他派宦官冯神威去向安禄山传旨。然而安禄山即将起兵，已经不屑再与朝廷来使虚与委蛇了。

冯神威逃命一样向京城赶，到了皇宫大哭着扑到唐玄宗面前："我几乎见不到陛下了呀！"见此情状，唐玄宗心中一片冰凉，他知道安禄山的确要反了，或许在明天，或许在不久之后，如今的问题，是如何去抵御。

## 哥舒翰也守不住潼关

当初安禄山、安思顺和哥舒翰分别担任大唐最强的三个藩镇节度使时，安思顺与安禄山虽然都姓安，但是并没有血缘关系，不过安禄山的继父与安思顺的父亲是亲兄弟，所以安思顺与安禄山是名义上的堂兄弟，相互之间的关系也很不错，也曾经一起对付过哥舒翰。

后来安禄山即将造反，安思顺不愿意日后被他连累，所以就趁着入朝觐见的机会将安禄山要造反的事情报告给了唐玄宗。后来安禄山果然造反了，因为安思顺曾经提前对朝廷做出过警告，所以唐玄宗认为安思顺与安禄山不是一伙儿的，并没有将他治罪，安思顺也就继续留在朝廷里做官。

哥舒翰派人模仿安禄山的笔记伪造了一封写给安思顺的信，然后将安思顺抓了起来，并上书朝廷历数安思顺七大罪请求诛杀。唐玄宗不辨真伪，便下令处死了安思顺和他的弟弟安元贞，全家均流放岭南。

杨国忠对哥舒翰颇为忌惮，就下令招募了一支万人的队伍，由他的亲信杜乾运带领，假托防御叛军之名驻扎在灞上。

哥舒翰是久经沙场的老将了，一看杨国忠的布局就明白，杨国忠布置的军队根本不是为了防范叛军，纯粹是为了对付自己。

哥舒翰于是以兵马副元帅的身份上书请求调杨国忠屯在灞上的军队来潼关加强防守，这个要求名正言顺，唐玄宗也不好拒绝，于是便答应了。杜乾运率军到潼关后不久，就被哥舒翰找个借口杀了。

潼关自古被称为“三秦锁钥”，有一夫当关万夫莫开之险。安禄山久攻潼关不下，只能诱守军出战然后消灭掉，这才能够攻入潼关。

哥舒翰担心唐玄宗不明白不出兵的深意，特意上书解释。郭子仪和李光弼也上奏建议玄宗派兵攻取安禄山的根据地范阳，俘虏叛军的妻儿老小为人质，来打击叛军士气。

杨国忠毫无军事阅历，只看到陕郡防守空虚而哥舒翰拒不出兵，还将他的心腹将领杜乾运骗到潼关去杀了，便十分担心哥舒翰是拥兵自重，以潼关为据点胁迫玄宗，图谋除掉自己，于是他连续不断地催促出战。哥舒翰无法抗旨，只能与部下一起抱头痛哭，然后率领着军队向安禄山的圈套中进发。

至德元载（756）六月，哥舒翰的大军在灵宝西原与崔乾祐的军队遭遇。潼关失守，哥舒翰逃到关西驿，收拾残部打算重新打回潼关去，他的部将火拔归仁带领手下人马劝哥舒翰投降安禄山，高仙芝、封常清丢掉了东都洛阳就被处死，哥舒翰失去潼关，无论如何也逃不脱一个死字了。

哥舒翰一向与安禄山有积怨，实在不愿投降，但无奈被部下胁迫着向东而行，于是安禄山就将哥舒翰囚禁了起来。潼关失守之后，关中无险可守，于是河东、华阴、冯翊、上洛等地的防御使看到叛军来袭纷纷弃城而走，对于叛军来说长安便已近在咫尺。

唐玄宗惊闻潼关失守，叛军长驱直入，顿时感到长安不保，赶紧召集大臣商议对策，在杨国忠的建议下，唐玄宗决定退守四川。

十三日早晨，长安宫廷之中已经不见了过去上早朝的场景，唐玄宗早就带着杨贵妃姊妹、皇妃、公主、皇子、皇孙、杨国忠、韦见素、魏方进、陈玄礼及亲近宦官、宫人出延秋门逃出长安。皇妃、公主、皇孙不在宫内的，皆弃之不顾。

专栏

## 被牺牲的女人

唐玄宗逃出长安，朝着四川方向前进，六月十四日，终于到达了马嵬坡。关于马嵬坡地名的由来，要追溯到西晋时期，据说当时有一个名叫马嵬的人到此筑城，此地便得名马嵬坡，距离长安一百多里地。而在当时，马嵬坡不过是一个再普通不过的驿站。

连日来过了今天还不知道有没有明天的生活，让唐玄宗手下的将士们逐渐产生了抱怨情绪。禁军龙武大将军陈玄礼见杨国忠最大的靠山唐玄宗已经落魄不已，感到除去杨国忠的时机到了。

在此次的逃亡队伍中，还有二十多名吐蕃使者，然而此次随众入川，吐蕃使者饥肠辘辘，只能拦着杨国忠要食物。

杨国忠还来不及答话，士兵中便有人大喊，杨国忠和吐蕃使者密谋，准备谋反。这话一传开，立马有人弯弓搭箭。慌不择路的杨国忠随即策马狂奔，刚到马嵬坡西门里，杨国忠便被赶来的士兵截住杀死。

随后，太子和陈玄礼、李辅国等人又杀了杨国忠的儿子，即户部侍郎杨暄。此外，杨贵妃的姐姐秦国夫人、韩国夫人也相继被杀。

随着外面呐喊声不断，唐玄宗走了出来，竟然发现军队将整个驿馆都包围了。唐玄宗遂问左右怎么回事，左右皆称，杨国忠和吐蕃国使者密谋造反，已经被将士们杀死了。

唐玄宗叹息一声，只能让高力士去问问怎么样他们才愿意散开。陈玄礼出面回答：“国忠谋反，贵妃不宜供奉，愿陛下割恩正法。”唐玄宗闻言，心中伤感不已，面显为难之色。最后还是

高力士说出了众将士的心里话，也绝了玄宗心里最后的一点希望：“贵妃诚无罪，然将士已杀国忠，而贵妃在陛下左右，岂敢自安！愿陛下审思之，将士安，则陛下安矣。”

唐玄宗只能答应。杨贵妃得知了这个消息，平静地跟随高力士走上了佛堂，曾经的恩爱情缘，缠绵悱恻，曾经的回眸一笑，百媚顿生，都即将化作烟云过眼而去。这一天，杨贵妃被缢杀在佛堂之上，唐玄宗最钟爱的妃子死在了乱世之中。

这次事变便是历史上著名的马嵬坡之变，《辞海》解释“马嵬坡”时道：“唐安史之乱，玄宗从长安西奔成都，缢死杨贵妃于此。”因为这一事件，这个再普通不过的驿站，就此进入了史册。

# 第四章 走出战乱的艰辛之路

## “被”太上皇

安禄山到了长安之后，下令凡是官员、宦官和宫女，都抓来押送到洛阳，充实东都。而跟随唐玄宗一起进入四川的大臣家眷，只要抓住就立即诛杀，无论老幼绝不放过。

前任宰相陈希烈，素来就对唐玄宗有怨言，于是直接投靠了安禄山，被杨国忠排挤遭到贬官的张均、张垍也投靠了安禄山，并且得到了安禄山的重用。陈希烈、张垍还被安禄山任命为宰相，其他投降安禄山的原唐朝官员也都被授予官职。叛军因为接受了大量的唐朝重臣而声威远播，河东道全部为叛军所占领。

而另一边，太子正秘密北上，谋求号令天下，诛杀逆贼。这是安禄山做梦也没有想到的事情，他只知晓唐玄宗进入蜀中，一时半会儿难以发动反攻。他没有料到，就在灵武方向，一股反对叛军的洪流正在悄然形成。只要唐玄宗不死，唐军的正统地位便不容挑战，天下民心便也大多在唐朝的掌控之中。

当太子到达灵武之时，武灵只剩下朔方留后杜鸿渐、六城水陆运使魏少游、支度判官卢简金、盐池判官李涵、节度判官崔漪等尚在。朔方军队最高统帅郭子仪则在外征战。听说太子驾到，这些留任的官员纷纷前来迎接。

在此之前，众人便商议，觉得要将朔方的军事重心放在灵武郡，而且太子也应该被接到灵武来。要知道，此前太子暂居的平凉，不过是一个孤城，四周无险可守，也没有兵力可以相互驰援。

灵武则不同，它的城池坚固异常，而且储备了充足的粮食和兵器，只要将太子接过来，登高振臂一呼，天下勤王义士定会云集响应。太子可以从西面调发河西、陇右的精骑，北集守军，南定中原。如此千载难逢的天时地利人和，大家自然不会放过，遂让李涵带着统计朔方武器、粮食、兵马、布帛等军需物资的账簿前去面见太子，劝他到灵武领导军队。

太子见到李涵，知晓了他的来意，正和自己的想法不谋而合。与此同时，被任命为御史中丞的河西行军司马裴冕也赶来劝谏太子前去朔方。太子欣然同意，择日不如撞日，索性现在就准备启程。而灵武方面，得知太子即将前来的消息，也是振奋不已，他们派遣开元时宰相杜暹的儿子杜鸿渐负责建造太子行宫，安排太子的衣食住宿。经过一番有序地繁忙，此时的灵武，终于万事俱备，只等太子前来，一切便会快速有序地运转开来。

杜鸿渐接受了建造太子行宫的任务之后，便让魏少游着手负责此事，自己则去迎接太子。七月九日，太子一行终于到达灵武，一见魏少游建造的宫室，竟然和长安的宫室别无二致。太子以为这样太过奢侈了，遂将那些陈设全部撤除。群臣一见太子如此作为，无不交口称赞，认为太子勤俭，更能勇于涉险，为社稷黎民不辞辛劳，实在是为君者的典范。

天宝十五载（756）七月十二日，太子李亨即位，是为肃宗。为了彰显自己大孝的美德，太子即位为皇帝之时，立即宣布尊奉唐玄宗为上皇天帝，并且大赦天下，改天宝十五载为至德元载。

就在太子即位称帝后十余天内，唐玄宗一行终于到达了益州，随行人员走的走、散的散，只剩下一千三百多人。安顿下来的唐玄宗便让人着手准备建立流亡政府。不过唐玄宗似乎已经预料到，不管最终能否战胜安禄山的叛军，这个流亡政府都不过是个形式了，因为杨贵妃之死，唐玄宗已经感到身心疲惫、筋疲力尽。

八月十二日，从遥远的朔方传来消息，肃宗自立为帝。唐玄宗很释然，似乎这一切都是理所应当的事情。六天过后，唐玄宗让大臣们带着自己皇帝身份的象征物玉玺，前去朔方灵武，觐见这位新即位的皇帝。唐玄宗所开创的开元之治和他一手所造成的天宝危局，随着他的退位而步入了一个新的阶段，玄宗朝到此正式结束了，从此唐玄宗真正退出了历史舞台。

## 收复两京

至德二载（757），唐玄宗的另外一个儿子，永王李璘被派到长江中游地区镇守，这是一个很有利的位置，不仅兵多将广、粮草充足，更有夺天地造化之功的天时地利。李璘认为，只要自己在坐拥这个鱼米之乡、天险之地起兵，就有可能取代登基称帝的太子李亨，继而领导大唐中兴。

李璘在反叛之后，迅速顺江而下夺取富饶的长江下游地区，企图通过这个举动，稳固后方，继而夺取天下。只可惜，李璘的大军刚刚与唐勤王军交锋，便败下阵来，李璘被俘虏后遭杀害。

就在叛军大肆扩张，李唐王朝内部不稳的危殆情势下，一个收复两京的机遇悄然到来。原来安禄山称帝之后，便常常居住在深宫之中，很少见将军和大臣的面，所有政事大多通过他的心腹大臣中书侍郎严庄上奏。而安禄山最宠爱的妃子是段夫人，爱屋及乌，她的儿子安庆恩便成了他心目中太子的不二人选。安禄山的次子安庆绪听到了这个消息，心中惶恐不已。

严庄很敏锐地嗅到了这洛阳城内将会有大事发生的信号。他私下面见安庆绪，请他在关键时刻大义灭亲。

严庄又找到安禄山的贴身宦官李猪儿。安禄山自从起兵以来，身体情况十分不妙，而且性格也变得十分暴躁，时常随意责打甚至杀死身边伺候的仆人，李猪儿因为贴身伺候安禄山，挨打最多。

至德二载（757）正月初一，安禄山召集了群臣，准备商议对抗勤王军的事情，只是刚刚上朝，便感到身体不适，只能草草说了一些军事战略布置，就散朝了。

入夜以后，安庆绪便和严庄一起手持兵器在安禄山的大帐外面把守，李猪儿则拿着一把刀溜进帐中，砍死了安禄山。安庆绪在杀死父亲之后，草草地将尸体就地埋在了床下，然后秘不发丧。之后才由严庄出面宣布安禄山已死，遗诏立晋王安庆绪为太子，并且立刻登基，然后才为安禄山发丧。由于安庆绪生性怯懦，又没有什么才能，严庄唯恐他不能服众，因此让他像安禄山一样住在深宫之中不见大臣。

安庆绪和严庄在稳定洛阳之后，并没有进一步采取措施，对于长安也无心经营，似乎渐生懒惰。安庆绪开始将政治中心放在自己幽州的老巢，甚至开始觉得，洛阳也不适合当作一个帝国的权力中心。而另一方面，洛阳虽然暂时稳定了下来，却忽视了远在河北的巨大威胁。尤其是史思明，实力强横，不服从安庆绪的管制，他的眼睛，一直盯着洛阳的最高位置。

在这种情况下，唐军收复长安和洛阳的时机宣告成熟。至德二载（757）八月，唐肃宗感到自己兵少将少，实力弱小，遂任命郭子仪为兵部尚书、同中书门下平章事，同时还兼任灵州大都督府长史、朔方军节度使。

郭子仪认为承平日久、武备蒙尘，导致大唐没有足够战斗力强悍的军队，便向唐肃宗建议向军事力量比较强的回纥借兵。

至德二载（757）九月十二日，天下兵马元帅广平王李俶率领着战斗经验丰富的朔方等镇军队和从回纥、西域借来的精兵共十五万，从凤翔出发，向长安挺进。

九月二十七日，各路大军在长安城西郊会和，列阵于香积寺北澧水之东，郭子仪率大军居中，李嗣业部、王思礼部分别为前军和后军，准备收复长安城。

十月十八日，广平王李俶率军进入洛阳。

作为唐朝的两京，长安和洛阳的收复极大地鼓舞了大唐军民的士气，在战火流离中挣扎了两年多的百姓们终于看到了安定的曙光，大唐王朝也看到了重新统一天下的希望。

## 归义王不义

安庆绪称帝之前，史思明便开始私自收拾在河北地区的叛军残部，安庆绪坐上了帝位，顿时对史思明产生了不满，欲要除之而后快。史思明也渐渐生出了不服安庆绪管制的现象，尤其是在太原围攻李光弼遭遇惨败之后，史思明便返回了范阳。为了暂时稳住史思明，安庆绪封之为妫川王，兼范阳节度使。

范阳是安禄山的老巢，从洛阳和长安掠夺到得金银珠宝，都被安禄山运到了这里储藏。史思明顺势接收了那富可敌国、堆积如山的财富，面对这样的飞来横财，加上安庆绪的无所作为和毫无威望，史思明渐生叛离之心。

唐军占领东都后，安庆绪便逃到了邺郡，将邺郡改为安成府，并将年号改为天成。为了东山再起，安庆绪开始在邺郡招兵买马，召集旧部。田承嗣、蔡希德、武令珣等安禄山的老将都先后率领所部来投奔于他，又在河北诸郡招募军队，很快安庆绪手下军队就达到了六万人马之众。

然而，史思明没有派兵前来，甚至连一个使者都没有过来。安庆绪遂派遣自己的心腹阿史那承庆、安守忠带五千精骑到范阳去征兵。当然，名义上是征兵，实际上是要探查范阳的情况，准备机会发动突然袭击，除掉史思明。

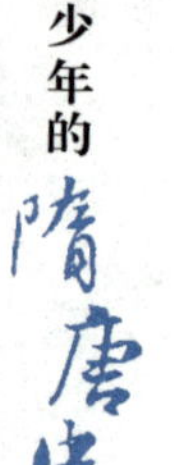

史思明思量再三，觉得一方面安庆绪对自己已经起了杀心，自己已经不能继续留在安氏政权下了；另一方面，唐王朝已经收复了两京，安氏的灭亡已经是指日可待之事。于是，史思明决定先下手为强。

史思明将阿史那承庆和安守忠囚禁起来，然后派部将窦子昂带着自己写的表章和窦子昂统领的十三郡以及八万兵马前去京师请降。唐肃宗很高兴地接见了他们，并且当即下旨封史思明为归义王、范阳节度使，他的七个儿子也被授予了很高的官职。

史思明的率众投诚，使唐肃宗认为彻底消灭安庆绪的时机已经到来了。乾元元年（758），唐肃宗颁下了讨伐安庆绪的总动员令，命令朔方郭子仪、淮西鲁炅、兴平李奂、滑濮许叔冀、镇西北庭李嗣业、郑蔡季广琛、河南崔光远等七镇节度使和平卢兵马使董秦统率步兵骑兵共二十万大军征讨安庆绪；又命河东李光弼，关内、泽潞王思礼两位节度使各率本部兵马从旁援助。

十月，郭子仪渡过黄河，进围卫州。眼见卫州局势危殆，安庆绪将邺郡中全部的七万军队分成三军，由当年攻破潼关的大将率领上军，安庆绪自己率领中军，田承嗣率领下军，浩浩荡荡地驰援卫州。结果在与郭子仪会战之时，中了郭子仪的诱敌深入之计，落得大败而归，安广绪的弟弟安庆和被俘处死。

安庆绪只得逃回城中固守不出，郭子仪便率军围城，此时李光弼的大军也赶到邺郡城下。安庆绪见官军越聚越多，情急之下不得不派人去向史思明求救，并且不计代价地承诺，只要史思明肯来救援，安庆绪就把皇位让给他。

史思明果真打败了围攻邺郡的官军，安庆绪却不愿意依照前约将自己的皇位让给史思明。于是，史思明便将安庆绪骗入自己的营帐将其处死。

邺郡的守军一下子群龙无首，史思明很容易地便带军进入了城中。然后，史思明下令将安庆绪的军队收为己用，并打开府库大肆奖赏将士们，由此安庆绪之前所掌控的州、县及其军队全部归入史思明手中。

史思明稳定了邺郡之后，担心自己的后方不稳固，便留下他的儿子史朝义留守，自己带领大军回归范阳。回到范阳之后，史思明宣布继承安禄山的国号大燕，自称大燕皇帝，改元顺天，改称范阳为燕京，立妻子辛氏为皇后，儿子史朝义为怀王，又任命了周挚为宰相、李归仁为将军。

大唐官军与安庆绪大战一场，损失人力物力无数，结果却让史思明渔翁得利。

## 这个句号不很圆

与安禄山相似，史思明晚年也多疑残忍，动辄杀人甚至灭人九族，使得他身边的大臣随从人人自危。同时，他又犯了另外一个与安禄山相似的错误，史思明的长子史朝义为人谦和恭谨，而且多年来一直跟随史思明南征北战，又非常爱护士兵，因此在军中威望很高。然而史思明却总想杀了史朝义，将小儿子立为太子。于是，史朝义和他身边的将领们都很惶恐不安，唯恐哪一天就会大祸临头。

有一次史朝义随史思明在外征战，晚上史思明住在鹿桥驿，由他的心腹曹将军带兵守卫。而史朝义则住在客栈里，他的部将骆悦、蔡文景趁机让史朝义派人将曹将军请来商议大事。

当夜，骆悦等人带领史朝义部下三百士兵来到鹿桥驿，卫兵们看到负责护卫史思明的曹将军也在其中，便没有阻拦。骆悦遂带领众人冲入驿馆，缢杀了史思明。史朝义登基为帝，改元显圣。

叛军的高层军事将领不满史朝义陷害功臣、杀父弑君的举动，他们便想如同除掉安庆绪一般，准备除掉史朝义。

宝应元年（762）三月，唐肃宗去世，太子李豫也就是原先的广平王李俶继承皇位成为帝国的最高统治者。唐代宗登基之后，为了收揽人心，大肆封赏朝臣之中拥护自己的人，使得朝局渐趋稳定。同时，唐代宗还宣布大赦天下，对于叛将回归再次一律宽大为怀，这对叛乱者的军心产生了极大的动摇作用。

十一月，唐朝官军在回纥大军的帮助下，与史朝义的叛军在洛阳城外进行决战，叛军几乎全军覆没，洛阳重新回到了唐王朝的手中。

宝应二年（763）春天，史朝义的大将，也是史思明的旧部田承嗣献莫州投降，还将史朝义的母亲及妻子一起献给了唐军。史朝义仓皇带人逃往范阳，谁知部下李怀仙也投降了唐军，并献出了范阳。走投无路的史朝义无奈之下只能自缢而死，他的部下很多人都

投降了唐军。就这样持续了多年的安史之乱以史朝义之死戛然而止，没有慷慨激昂的京城保卫战，没有轰轰烈烈的最后大决战，这场叛乱就似驮着重物蹒跚行走了七年的骆驼，在最后一根稻草下轰然倒地。

漫长的安史之乱虽然结束了，但是它却犹如一道永世之伤在大唐的肌肤上划下了一道难以磨灭的疤痕，从此以后大唐发生了翻天覆地的变化，也对之后百余年的政治经济军事的变化和逐渐凸显出来的痼疾起到了推动作用。

第一，藩镇的权力被推向了极致。地方的行政权力和战略要地，都被武将们掌控。在地方上，超过七十五万军队不受中央的控制，而军人因为战功，在政府中得以加官晋爵，甚至成为宰相。从此以后武将在朝堂上的地位得到了明显的提升，成为国家政治中不可小视的一支重要力量。

第二，经济中心开始南移。由于国家的政治经济文化中心聚集的黄河流域和关中地区遭到战火涂炭最为严重，导致战后北方经济的恢复和发展受到了极大限制。同时，由于南方战火比较少，相比起来较为安全，因此在安史之乱中大量的北方人口南迁。

第三，战乱连年，兵连祸结，整个社会都遭受到了物质上的沉重打击。整个黄河中下游地区，曾经繁华无限、富贵无比的地区，变得一片荒凉凄惨，断壁残垣比比皆是。

此外，当初威震东亚的大唐帝国也失去了对原来版图的控制能力，西域、甘肃宁夏地区逐渐脱离大唐的控制，北方的契丹、女真、蒙古等民族也开始发展壮大起来，为后来一直困扰宋朝的边患问题埋下了伏笔。

开始往往都在结束之后，安史之乱虽然告终，但是它留下的影响却是难以磨灭的，为了换取这场胜利，唐朝付出过于沉重的代价，也埋下了更大的隐患。烽烟寂灭，一个黑暗的时代即将到来。

## 《秦王破阵乐》与《霓裳羽衣曲》

《秦王破阵乐》是一部集歌、舞、乐于一体的大型综合性歌舞剧，是一部歌颂唐太宗李世民统一中国、以武功定天下的艺术作品。贞观元年（627）正月初三，李世民为庆祝自己的胜利，借春节之时宴请群臣。在君臣欢宴的时刻，李世民命乐工共奏《秦王破阵乐》，这是此曲第一次正式登场。贞观七年（633），由当时精通音乐的大臣起居郎吕才写音律，魏徵、虞世南、褚亮、李百药等一些文官作歌词，李世民根据多年戎马生涯的经验，绘制了《破阵乐舞图》，并命吕才依图教乐工一百二十人披甲执戟而舞。

据《旧唐书·音乐志》记载，舞队摆出各种阵势，“发扬蹈厉，声韵慷慨”，伴奏音乐“声震百里，动荡山谷”。舞蹈不仅具有浓厚的战阵气息，还有一种威慑力，令观者“凛然震竦”。

此时的大唐，“歌舞凌烟阁，酒酣意淋漓”。狂放不羁的音乐，粗犷豪迈的动作，艺术的珠玉便在一个个音符与动作间，坠落到凡间，虽然称不上“此曲只应天上有，人间哪得几回闻”，但其彰显的自信与大度也是历朝历代无法企及的。

唐太宗李世民去世三十多年后，大唐帝国中最具文人气息的君王——唐玄宗李隆基，再一次创造了一首艺术史上不容忽视的曲子——《霓裳羽衣曲》。唐玄宗精通音律，能作曲，随意即成；能演奏乐器，且曲尽其妙。

相传，李隆基一日梦游月宫，耳闻仙乐后参照西凉乐《婆罗门曲》创作了《霓裳羽衣曲》，这首曲子是我们古代戏曲发展鼎盛时期最优秀的宫廷乐舞曲之一，它以悠扬典雅、虚无缥缈的特

色闻名于世。

或雄壮、或绮丽的曲调与舞姿，不应只有身处其中之人可以享受。于是，画师们用他们手中的画笔，记录下了每一次震撼人心的表演。

新旧《唐书》中都记载了这样一个故事：某天，有人得到一幅奏乐图，却不知其中演奏的是什么曲子，便拿去请教王维。王维仔细看过之后，说："画中所画乃《霓裳羽衣曲》第三叠第一拍。"人们不信王维有如此深的音乐造诣，便找了一班乐工当场演奏《霓裳羽衣曲》，进行验证，果然如王维所言。

第五卷

# 夕阳西下

# 第一章 再建盛世的努力

## 天上掉宰相

安史之乱后，唐朝的政治、军事等各个方面都开始走下坡路。唐德宗深知“国之命脉，在于经济”，想要恢复大唐的盛世气象，首先要做的就是恢复经济基础，于是他即位之后便着手开始进行经济政策的改革。

想要给国库积累雄厚的资产，历朝历代的做法其实都相差无几，那就是“开源节流”。唐德宗大开节俭之风，为国库减少开支。为了给天下臣民做出表率，唐德宗还以身作则，首先削减了皇室的费用。

德宗时期最为著名、影响最为深远的就要数“两税法”。说到两税法，就不得不提及他的创始者，也就是德宗年间的大为有名的宰相——杨炎。杨炎，字公南，凤翔人，生得仪表堂堂，又写得一手好文章，在当时颇有名气。杨炎有个雅号唤作“小杨山人”，是因为他和他的父亲杨播一样有隐士之风。

杨炎才华横溢，早在唐代宗时期就官至中书舍人。当时的宰相元载和杨炎是同乡，他非常欣赏杨炎的才能，便举荐他为吏部侍郎。杨炎也因为元载对他有知遇之恩，因此和他十分亲近，但世事难测，大历十二年（777）三月，曾经一人之下的宰相一夜之内便获罪被诛，杨炎也因为这件事受到了牵连，被贬到道州做了司马。

大历十四年（779）八月初七，杨炎踏上了从道州返回京师的道路。于杨炎来说，一段新的人生旅途即将展开，而于大唐王朝来

说，它将要迎来一个新的时代，一个属于杨炎的时代。

在唐朝的西南有个叫南诏的小国，原本南诏和中原的关系一直比较和睦。但就在这一年，南诏的老国王阁罗凤因病逝世，即位的是他的孙子异弁寻。异弁寻和吐蕃联合，公然进犯中原。

南诏和吐蕃的军队想要进入中原，四川是必经之地，但不巧的是当时驻守四川的将军崔宁正好奉旨在成都。这样一来，四川的守军在没有将领的情况下接连丧失了数州，情况十分危急。唐德宗听说了此事后马上将崔宁召来问话，言下之意是想让崔宁马上回川抗击敌军。

就在众人都以为万事妥当的时候，杨炎站了出来，认为此事万万不可。杨炎之所以有这样的举动是因为他深知蜀地对于唐朝的重要意义，它的险要位置不仅易守难攻，还是中原地区的重要屏障。不仅如此，从唐朝的历史发展来看，在安史之乱后，四川似乎就成了一方霸主，中央对其的控制也是似有实无。杨炎更知道崔宁的心思，一旦他回蜀之后，四川日后就更无法控制了，会为以后的藩镇叛乱埋下隐患。

听了杨炎的分析，唐德宗也觉得不无道理，但如果不派崔宁回去，南诏和吐蕃的叛乱又该如何处置呢？就在唐德宗左右为难的时候，杨炎又一次向他提出了中肯的建议。他认为应该派中央禁军前往四川，再遣范阳节度使朱泚带领手下的兵马一同前往，而将崔宁留在京都。等到边境太平之后，再将崔宁更换，将蜀地重归中央所有。

西南边境的战争结束之后，唐德宗大喜过望，杨炎的仕途也自此如日中天。

## 同行是冤家

德宗朝虽然不像贞观和开元时一样人才济济，但也有一大批有才有德之士。除了杨炎，还有一位因财政而得名的大臣，那便是刘晏。

刘晏出生于玄宗年代，幼时便才华横溢。他8岁那年跟随唐玄宗到泰山封禅，途中向皇帝进献了一篇颂词，辞藻优美。唐玄宗见他小小年纪便有如此才华便授予他太子正字一职。

刘晏在处理财政方面表现出浓厚的兴趣和惊人的天赋。代宗即位之后，刘晏被给予宰相的重任，但大权在握的刘晏没有恃宠而骄，而是尽自己最大的努力来帮助战后的唐朝恢复经济。如果没有刘晏，唐朝的经济秩序无法这么快就恢复元气。

而杨炎和刘晏之所以产生过节还要追溯到代宗末年的元载之死。元载是代宗朝的宰相之一，他曾经帮唐代宗诛杀了当时的大宦官鱼朝恩。但因为他居功自傲，为人所不服。元载的狂放和有意结党的行为传到了代宗皇帝的耳中，代宗于是下令缉拿了元载，并命刘晏主理此案。

杨炎之所以如此记恨刘晏基本上是出于情感的因素，元载对杨炎有过知遇之恩，杨炎也因为此事受到了牵连，他所有的仇恨便很自然地转嫁到了直接导致这个结果的刘晏身上。

早在杨炎回到长安的时候，就因为当年元载的事在政事堂与刘晏不合且处处为难刘晏。刘晏或许认为只是杨炎的情感因素在作怪，便不去与之发生正面冲突。

当时的刘晏总领大唐的财政，度支、租庸、盐铁等职责都集于一身。杨炎先是向德宗皇帝上书，认为刘晏所担任的职权过重，难免会引起众人的猜测，建议将部分财政大权收归户部所有。

杨炎深知刘晏在道德品质方面无懈可击，于是他便采取了另一种方法，就是制造舆论，称刘晏“图谋不轨”。杨炎在朝堂上公开抨击刘晏，称其参与过代宗当年立韩王李迥的生母独孤氏为皇后的事，并说他与刘忠翼等人合谋，想要谋朝篡位。

唐德宗本来疑心病就较重，因此他没有经过周密的思考，马上下旨将刘晏贬为忠州刺史。刘晏离京之后，杨炎又向德宗请旨，希望朝廷派庾准为荆南节度使。

庾准本来是王缙的门人，也是因为王缙的关系官至中书舍人。王缙和元载关系非凡，当年也因元载一案被牵连。

庾准上任后不到半年，就向德宗上书，说刘晏准备在忠州起兵谋反。再加上杨炎在朝中的配合和响应，刘晏的谋反之罪就从子虚乌有变为确有其事。

可能德宗当时太过震惊，已经失去了判断能力，他竟然没有和大臣们商议就派出密使诛杀了刘晏，其后才将此事诏告天下。

杨炎在朝中处处为难刘晏，这事很多朝臣都看在眼里，如今刘晏被冤杀，大家都明白是杨炎从中唆使。所以，刘晏因谋反罪被杀的诏书下发之后，朝廷上下都陷入了议论之中。

对于朝中的议论，杨炎本来是不放在心上的，但事情的严重性就在于，一些驻扎在藩镇的节度使也开始因为这件事而惴惴不安，生怕刘晏的今天就是他们的明天。

藩镇的压力使得杨炎不得不采取措施，然而面对强大的舆论压力他首先想到的是推卸责任，聪明一世的他此时却糊涂一时，居然将刘晏的死归咎到唐德宗的身上。不仅如此，他还派出自己的心腹到各地去告知节度使们称刘晏被杀与自己无关，是唐德宗因代宗当年改立皇后之事记恨刘晏。

虽然这些事都是杨炎的秘密行动，但最终还是传到了唐德宗的耳中。当初是杨炎力保刘晏有罪，如今面对议论他却如此推卸责任。于是唐德宗下令将杨炎贬为崖州司马，崖州地属今天的海南，路途险阻，随即又下旨将他赐死于半路之上。倘若杨炎当初能够豁达一些，也就不会造成这样的结局了。

## 削藩不成蚀把米

唐代的藩镇称之为“道”，设置的初衷是为了形成区别于州县的观察区，以此来保卫中央的安全。藩镇本来是不属于行政范围之内的，但随着时间的发展，它的长官节度使的权力越来越大，使之成为州县之上的行政实体。自安史之乱后，唐朝的藩镇割据问题不仅没有得到妥善的解决，反而是愈演愈烈。

经过了肃宗朝和代宗朝的发展，到了德宗时期，藩镇割据的状况进一步加重，各地的藩王和节度使们拥兵自重，势力非常强大，随时都有可能威胁到中央政权的统治。唐德宗在即位之后，一直就试图改变这种状况。为此，他采取了很多措施，其中最有力的就是武力削藩。

在唐中后期的藩镇中，以河北道的魏博、成德、幽州三镇的势力最为强大。这三镇的节度使都和当年引发安史之乱的安禄山有很深的渊源，例如成德节度使李宝臣就是安禄山的义子，幽州节度使李怀仙也曾经参加过安禄山的叛军。即使如此，为了安抚地方势力，在安史之乱后，朝廷还是不得不将这些人册封为节度使。

除了河北三镇，齐鲁之地的淄青镇实力也是不容小觑。淄青节度使原本是侯希逸，但后来被他的表弟、高句丽人李正己所驱逐。淄青从代宗时期开始就是对抗朝廷的一股强大力量，也是当时朝廷防范的重要对象之一。

除了想尽办法安抚各地的节度使，唐德宗还做了一件事，那便是解除了大将郭子仪和崔宁的兵权。准备工作完成的差不多之后，唐德宗就要开始大刀阔斧地实施他心中酝酿已久的削藩大计。在他的计划中，首先要除去的就是为患已久的河北三镇。

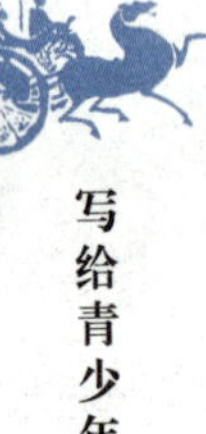

按照朝廷以往的规定，各地的藩镇由节度使控制，节度使不仅拥有强大的地方管理权，还拥有大量的土地。节度使死后，他们的子嗣有权继承他们的职位和土地还有其他的一切特权。随着藩镇势力的扩大，这样的制度便引发了许多弊端。

首先，这些节度使的职位代代相传，使得家族势力在地方生根发芽，地方的百姓只知有藩镇，不知有朝廷。

其次，原本从中央派到各地的节度使都是经过朝廷甚至是皇帝亲自挑选的人才，对于地方的管理和统治都起到了不可忽视的作用。但这批节度使陆续死去后，他们的后代不乏碌碌无为的庸才，这就违背了当时朝廷选派节度使驻扎地方的初衷。

建中二年（781）的正月，河北成德镇节度使李宝臣病死。他的儿子李惟岳向朝廷上表请求继承父亲的职位。唐德宗一改代宗当年对藩镇姑息的政策，拒绝了他的请求。为了维护自己的利益，李惟岳联合了山南节度使梁崇义、淄青节度使李正己等各地的节度使武力对抗朝廷。

李惟岳等人发动兵变的消息传到朝廷之后，唐德宗毫不示弱，马上就将驻扎在京西的一万多兵力调到关东抵抗。李惟岳最后被自己的部将王武俊杀死，李正己父子一个病死，一个被打得大败。眼见局势完全倒向中央政府，驻守在成德镇的大将张忠和主动向朝廷投降。

各地的削藩战争节节胜利，就在唐德宗觉得大计就要成功之时，局势陡然发生了逆转。原来唐德宗在削藩的过程中，不仅征调了中央的军队，还有 个重要途径，那就是利用藩镇的军队来攻打藩镇。这一做法不仅触犯到了各地藩镇的权益，还使得节度使们的危机感与日俱增。建中三年（782）年末，驻守在淮西的节度使李希烈自封为天下都元帅，成建兴王，并联合卢龙节度使朱滔（称冀王）、淄青节度使李纳（称齐王）、魏博节度使田悦（称魏王）、成德节度使王武俊（称赵王）四人发动叛乱。

眼见东都洛阳就要落到叛军的手中了，唐德宗马上派大将哥舒曜率军前去征讨，建中四年（783）十月，又下旨命泾原节度使姚令言率泾原兵马前往淮西助哥舒曜平乱。出乎意料的是，途经长安时这支军队发起了历史上著名的“泾师之变”。

事情的起因是朝廷没有处理好部队的后勤事宜，军队士兵们所吃的糙米和素菜根本不能使他们负荷长时间的行军作战，再加上朝廷没有赐予他们应有的赏赐，才发生哗变。

哗变后的泾原之师拥立朱泚为帝。朱泚是此时正在反叛的卢龙节度使朱滔的哥哥，也曾担任过泾原军的统帅，他在称帝之后便即刻率大军围困了唐德宗的避难之所——奉天。皇帝在奉天被困的消息传出后，朔方节度使李怀光等人便火速率军回撤，前来奉天勤王。

奉天危机的解除也宣告着唐德宗削藩政策的失败，兴元元年

（784）正月，他颁布了一道“罪己诏”，称这次战乱的责任都在自己。最终的结果是，这些参与叛乱的藩镇和节度使全部被赦免。王武俊等人也取消了自封的王号，上表向朝廷请罪。这次的削藩之乱以唐德宗的完全妥协而告终。

## 猫尾巴不能踩

就在“泾师之变”结束后的一个月之内，朔方节度使李怀光又联合长安的叛将朱泚开始了新一轮的反叛。这一切都是因为唐德宗对他的不信任。

唐德宗的性格中有一个很大的弱点，那就是猜忌心较重，并且遇事时往往不能自己做判断，总是依靠身边的大臣帮他做决定。

也许是历经过乱世，也许是自小就受尽了藩镇叛乱的痛苦，所以在唐德宗的内心深处一直认为武将不可信任，必须对他们进行严格的控制。所以，奉天之围虽然是在李怀光的帮助下才得以解除，但唐德宗却并不因此心怀感激，而是对李怀光的用心产生了怀疑。

唐德宗对李怀光的态度除了自己的“心病”在作怪，很大程度上来源于周围奸臣和小人的唆使。

李怀光曾多次宣称是因为朝中奸臣的专权才导致皇帝遭受战乱，逃离京师。不仅如此，在奉天解围之后，他要请求皇上将这些奸臣诛杀，并多次向唐德宗进言，称卢杞等人蒙蔽主上，祸国殃民。在李怀光的坚持下，朝中许多人也纷纷表示出对卢杞的不满，一时间舆论哗然。唐德宗为平众怒，只得下旨将卢杞变为新州司马，其余人等也都贬黜到外地。

李怀光虽然达到了目的，但事后他又十分担心。他深知皇帝贬斥卢杞等人不是出于自愿，害怕事后唐德宗会加罪于他，所以他便开始为自己谋划退路。也就是在这个时候，李怀光对唐王朝产生了反叛之心。兴元元年（784）二月，李怀光与神策河北行营节度使李晟合军，驻扎于咸阳以东的陈涛斜。

为了使这些武将们相互节制，唐德宗便封李怀光为都统，命他率部火速收复长安。但是李怀光此时却在暗中和朱泚谋划，准备和他一起瓜分了大唐的天下，所以总是以兵马疲惫为理由迟迟不肯发兵。李晟见李怀光如此，心中已对其心略知一二。为了保存自己的实力，他马上上书请求将自己的部队和李怀光分开，移驻于东渭桥。

感觉到危机的唐德宗也秘密地加强了奉天城的守备。此时李怀光的部将赵升鸾向浑瑊密报，说李怀光准备火烧乾陵，挟持唐德宗登基称帝。李怀光手下的兵力强大，此时若是一味抵抗无异于以卵击石，无奈之下的唐德宗只得又一次逃到了梁州（今陕西汉中）。

李怀光虽然来势汹汹，但他的谋反行为在军中得不到支持。唐德宗出逃之后，李怀光马上命手下将领前去追赶，但孙福达等人却故意拖延时间，最后无功而返。其后李怀光又下令进攻李晟，但军中将士不听命者占多数。就在此时，本来与他以兄弟互称的朱泚也改变了态度，先前他们约定共同称帝，但此时朱泚却给李怀光颁下诏书，与他君臣相称。一时间，李怀光众叛亲离，进退两难。无奈之下，他只得率领兵马东去。

兴元元年（784）七月，李晟率军光复了长安，唐德宗得以返回长安。到了贞元元年（785）的秋天，马燧才率军收复了河中，李怀光也自尽而亡。贞元二年（786）四月，李希烈被其部将陈仙奇杀死，淮西被收复。直到此时，这场藩镇之乱才算告一段落。

德宗年间的削藩之举之所以未能成功，其中有唐德宗个人的原因，但也与当时的政治状况有着不可分割的联系。当时藩镇的军事实力已经远远超出想象，而且这些节度使为了共同的利益联合到一起，共同对抗朝廷。这是历史发展到此时必然会出现的状况，并不是唐德宗的个人能力能够解决的。

武力削藩的政策使得中央与地方之间的矛盾加剧，也正是因为削藩之事，唐德宗经历了两次颠沛流离的逃亡生活。此后，他开始对藩镇一味姑息，藩镇问题愈加积重难返，也给后期的藩镇叛乱埋下了沉重的隐患。

专栏

## 一年两次，轻松交税

唐朝建立之初，沿袭的是北周和隋朝的土地制度，即所谓的均田制。均田制以人口为基础，将男子分为“黄”“小”“中”“丁”“老”五个等级，以此来授予田地。

为了和均田制配合，唐朝施行的税制是租庸调制。根据租庸调制的规定，唐朝的百姓是按人口数来缴纳赋税和承担徭役的。均田制和租庸调制配合施行有诸多好处，却给官僚贵族阶级以各种手段占用土地提供了可能，使土地私有化的现象日益严重。

租庸调制是唐朝一直都奉行的经济制度，有着很深的传统意义，杨炎想要撼动它需要一定勇气和魄力。之所以称之为两税法指的是百姓们的赋税每年缴纳两次，分别称为“夏税”和“秋税”。

建中元年（780）正月，唐德宗在杨炎的建议下开始推行两税法。根据两税法的规定，原来的户籍全部取消，而按百姓的实际居住地点来登记其户籍。不仅如此，每户所要承担的赋税也不再按照人口数，而是按照家庭的实际财产来划分，改变了原来按照年龄来承担赋税的规定。

在新的制度下，朝廷在每年的开始都要根据国家的财政收支来计算一年所需的财政金额，其后再根据这个金额来分派赋税。这种“量出为入”的方法不仅使得财政能够得到合理的运用，还在很大程度上遏制了各地随意收取苛捐杂税的现象，百姓的负担也得到了减轻。

两税法的推行彻底改变了原来以人口为基础的赋税制度，按照土地和财产来收税较之以前更为公开和公平，也对当时的经济

发展起到了很大的作用，更改善了之前较为混乱的财政状况。

从各地的地主和官僚贵族的角度来看，两税法的实施无疑大大损害了他们的利益。为了逃脱缴纳赋税的责任，他们想尽一切办法来隐瞒自己名下的土地。至于朝廷方面，唐德宗虽然采纳了杨炎的两税法，但在施行的同时为了保证自己和宫廷的用度，他又颁行了茶税和间架税等苛捐杂税，这些税收很大程度上抵消了两税法带来的正面效果，反而给百姓们增加了不少的负担。

两税法推行得还算相当成功，它的出现也是历史发展到此的必然趋势，而它的推行则象征着唐朝的财政改革向前推进了一大步。

# 第二章 朝廷对藩镇的短暂胜利

## 别逼朝廷对付你

唐宪宗在元和初期所做的一切，都是为了他父辈祖辈未完成的理想，那就是将分散在各藩镇的权力重新收回中央所有。

唐宪宗的目光首先落到一个叫西川的藩镇头上。西川原来的节度使叫韦皋，唐宪宗登基后不久，韦皋就突然暴毙而亡。

韦皋是在宪宗刚刚当上太子时第一个向朝廷上表请求太子监国的，但却在新帝登基后突然死亡，因此很多人都认为这背后隐藏着许多不可告人的秘密。

更为蹊跷的是，当年韦皋上表之时，河东节度使严绶和荆南节度使裴均都先后向朝廷递上了内容和韦皋差不多的表章，再加上当时敦煌壁画《胡商遇盗图》中透露出的线索，不少人都认为是当时掌握大权的大宦官为了逼迫唐顺宗退位而指使这些节度使上表，事成之后便将这些知情者杀人灭口，而韦皋就是其中之一。

且不说韦皋是因何而死，但因为他的突然死亡，引发了一场在当时影响颇大的叛乱。事情的起因是韦皋的节度副使刘辟在其死后没有申报朝廷批准就擅自为韦皋留后，事后才上了一封奏疏向朝廷报告此事。不仅如此，刘辟又怂恿自己的部下联名向朝廷上书，希望朝廷能将他封为新一任的西川节度使。

此时的唐宪宗才刚刚登基，地位还不够稳定，削藩的时机还未成熟，只有卧薪尝胆，日后方能成就大事。但从此事中，唐宪宗也看到了韦丹等大臣对藩镇问题的态度。于是，唐宪宗命韦丹为东川

节度使，用东川的势力暂时压制住刘辟，并着手准备讨伐西川的事宜。

元和元年（806）正月，刘辟再一次向朝廷上书，希望朝廷能让他兼领包括西川、东川和山南西道在内的“三川之地”。

唐宪宗严词拒绝。刘辟马上将西川的兵马召集起来，随后就围攻了东川节度使驻扎的梓州，并将东川节度使李康囚禁了起来，想又一次来个先斩后奏。

决心已下的唐宪宗于是力排众议，决定出兵讨伐刘辟。宰相杜黄裳不仅支持唐宪宗，还将神策军使高崇文推荐给了皇帝。高崇文虽然资历尚浅，在当时不为人所知，却是个文武双全之人。

元和元年（806）正月二十三日，唐宪宗颁布了《讨刘辟诏》，下旨命左神策行营节度使高崇文为统帅，宦官刘贞亮为监军使，率唐朝大军前往西川平叛。这次朝廷派出的兵马势力十分强大，除了有高崇文亲率的五千精兵为前军，还有神策军京西行营兵马使李元奕率领的两千骑兵殿后。不仅如此，山南西道节度使严砺也发兵兴元，和朝廷的两路大军一起直指西川。

前方的道路虽然艰险重重，但大军分斜谷和骆谷两路终于顺利地进入了蜀地。安史之乱后唐朝中央的实力虽然有所减退，但毕竟还有一定的基础。再加之宪宗之前的财政整顿，给这场战争提供了充足的后备力量。所以对西川战役一开始，唐军就以绝对的优势占据了主动地位。主将高崇文也没有辜负朝廷的一番重托，在他的率领下，唐朝大军唐军兵分二路，浩浩荡荡地向西川的治所成都开去。与此同时，山南西道的军队也与之相呼应，声势更加浩大。

在如此强劲的攻势下，刘辟不久之后就败退下来，随后被押送长安问罪斩首示众。

平定西川的战役前后所经历的时间不到九个月。用时之短，效果之明显都是以前朝廷对藩镇战争中很少见的。就这样，唐宪宗平定藩镇的计划成功地向前走出了第一步，但等待着他的，是更艰难的挑战。

## 削藩并不难

唐朝廷顺利地收回了西川的管理权。与此同时，唐宪宗又马不停蹄地命河东节度使严绶前去讨伐夏绥节度使的留后杨惠琳。杨惠琳是夏绥节度使韩全义的外甥。永贞元年（805）八月，韩全义请求到长安面圣，希望将自己的职位传给外甥杨惠琳。唐宪宗本来就想改变藩镇节度使的留后问题，自然不会轻易答应韩全义的请求。

眼看计划就要落空，杨惠琳马上在夏州自封节度使，以此来抵抗朝廷的诏令。就在发兵后不到一个月的时间内，夏州内部就发生了叛乱，杨惠琳被自己的部下张承金所杀，夏州的叛乱就这样轻易地被平定了。

西川与夏绥战争的胜利，使中央政府的威望瞬间提高了不少。再加上如今各地藩镇的力量已经在逐渐衰落，所以在朝廷的武力威慑下，各地的节度使都不敢轻举妄动，对朝廷的命令和安排也开始慢慢听从了。

但有些藩镇只是表面服从，镇海节度使李锜就是其中之一。

李锜系出李氏皇族的一个旁支，蜀、夏被平定之后，李锜也向朝廷上了一道书，称自己要入朝觐见。不仅如此，他还主动请辞，希望能够让自己的判官王澹为其留后。没想到唐宪宗不仅批准了李锜的请求，还封他为左仆射，命他不日就来京任职。

左仆射虽然是天子近臣，却只是个虚职。而镇海地处浙江的西部，是唐朝南方的重镇，也是国家财政收入的重要来源地之一。为了防止事情有变，唐宪宗特意派遣了一位中使前去镇海劳军。事情发展到了这一步，李锜就决定起兵造反。

李锜先是将王澹和卫将赵琦杀死，随后又将中使囚禁起来，之后正式起兵造反。起兵之后，他马不停蹄地派人将苏州、杭州、湖州、睦州、常州五州的刺史悉数杀害，将这些州府的领导权都收归己有。

得知李锜造反之后，唐宪宗马上下旨剥夺了他的一切官爵，并将他的宗室之名除去。随后，他又命淮南节度使王锷为大军统帅，前去征讨叛军。

但出乎意料的是，还没等到战争打响，李锜就被活捉了。原来就在王锷率大军前来之时，镇海军发生了内部分化。李锜的部下有很多人不愿意跟随他作乱，再加上他不得人心，所以其兵马使张子良等人便在阵前倒戈，活捉了李锜。

在这些事情都解决了之后，唐宪宗便开始着手于历史遗留问题——河北诸镇。

在唐朝中后期的藩镇中，河北诸镇，如成德、魏博、淄青三镇，都是实力最为雄厚的，也是唐政府长久以来的一块心病。但此时河北诸镇的势力也是大不如前，而且其内部矛盾重重，随时面临着分裂。再加上南方的逐步稳定，国家的财政也在慢慢恢复，这些都不得不说是唐宪宗将理想付诸行动的重要条件。

此时成德节度使王士真已死，他的儿子王承宗依照藩镇之间多年的传统，继承了父亲的事业。唐宪宗见这是个机会，便就此开始解决藩镇父子相袭的弊端。

这次唐朝出动了大批军队，在战争开始时也取得了一定的胜利。但随着时间的推移，由于朝廷内部出现了一些问题，使得讨伐军粮饷缺失，再加上行军日久，人疲马乏，就再没有收到什么显著的成效了。与此同时，王承宗方面也再难抵抗下去了，于是他主动表示愿意向中央屈服，唐宪宗便下旨，命王承宗为成德节度使，统领成德的一切事宜。

其后，王承宗也有反复，但一旦宪宗采取军事行动，他便马上举手投降，然后再与朝廷谈条件。所以，从实际意义来看，成德镇虽然表面上归顺朝廷，但从某种程度上来看还是脱离政府独立存在的。

## 夹缝中的宦官

在唐宪宗多年的努力下，安史之乱后分崩离析的唐朝基本上归为了统一，即使许多藩镇只是表面归顺，但这并不妨碍唐宪宗成为安史之乱后唐朝最有作为的皇帝。

作为唐朝的中兴之主，唐宪宗确实有很多功绩，但他在位年间任用宦官，到了后期甚至到了娇宠的地步，给他身后的皇帝留下了许多难以革除的弊病。唐宪宗之所以能够顺利地登上皇位与当时的大宦官们有着剪不断的联系。

正是因为这一层关系，再加上刚登基之时唐宪宗的地位还不够稳固，所以元和初期他对待宦官的态度十分忍让和宽容。而从宦官们的角度来看，因为他们曾经对皇帝有过拥立之功，所以新帝登基之后，他们就以“天子一派”自居，争权夺势自然是不在话下。元和初期，宦官们的势力强大，不仅在中央的各个机构，甚至在地方的各级官府中，都有他们的势力分布，尤其是朝中的一些大宦官气焰更是十分嚣张。

随着时间的推移，唐宪宗的地位也越来越稳固，但他在其后的时间里对宦官基本上也没有采取什么强硬的措施，这又是为什么呢？宦官擅权在宪宗朝虽然是一开始就存在的弊端，但对于宪宗本人来说，这些宦官并不是十恶不赦的，相反还很有利用价值。

地位稳固了之后的唐宪宗还是力图把宦官控制在自己的权力范围之内。所以，他对宦官们采取了分化、打击等一系列措施，可谓是“恩威并施”，“为我所用”。一旦这些宦官有触犯律法，有损皇室荣誉的时候，皇帝对其也是严惩不贷。

实际上这些手法收到的效果十分有限，打击的范围也很窄。而且对于大部分的宦官，唐宪宗还是十分看重的。在宪宗朝，不少大臣就吃了宦官的亏，这中间就包括当时和大诗人白居易并称“元白”的元稹。

元和五年（810），时为东台监察御史的元稹因擅自处理了河南尹房式之事，被召回长安。在经过华阴敷水驿时，元稹被安排在驿站的上厅居住。不久之后，宦官刘士元（也有说是仇士良）也来到了驿站。他见元稹住到了上厅，认为伤了他的自尊，于是怒不可遏地将元稹赶了出来。不仅如此，刘士元还对元稹大打出手，并将其脸部打伤。

这件事很快就传到了长安，唐宪宗不问事情就里，就将所有的罪责归到元稹一个人身上，并下旨将他贬为江陵府士曹参军。这件事的处理结果让朝中的许多大臣十分不满，元稹本没有错却被贬职，刘士元蛮横无理却没有受到丝毫惩罚，虽然李绛、白居易等人纷纷上书向皇帝表达自己的不满并为元稹求情，但唐宪宗依然将元稹贬到了江陵。

这件事虽然是件小事，但却象征着在皇权和士族权力的斗争中，皇权的完胜。唐宪宗并非昏君，他之所以坚持这么做就是为了证明这些宦官代表的不仅仅是他们自己，还代表着皇室，而皇权的不可侵犯性是不容许这些大臣对这件事情有任何异议的，辩解越多只会引起皇帝的猜忌和愤怒。

到了宪宗时期，出现了知枢密之职。这个职位的出现象征着枢密院制度的进一步成熟，也象征着宦官权力的进一步加深。不仅如此，宪宗朝的宦官还逐步控制了天子六军，成为藩镇之外的又一股军事力量。因为唐宪宗后期对宦官的纵容，所以宪宗时期的宦官专权的现象愈演愈烈。到唐宪宗死后，宦官的遗留问题便逐年地泛滥开来，成了继藩镇之后，唐朝的又一弊病。

## 一死成谜

在唐中期的众位君主中，唐宪宗是颇具特点的一位。他之所以被称为唐朝的中兴之主，是因为唐朝自安史之乱以来多年的藩镇割据问题在他的手中基本得到了解决。也因为唐宪宗在位期间的年号为元和，所以这段时期在历史上也被称为元和中兴。

唐宪宗崇佛，到了晚年时期，甚至到了迷信佛教不顾一切的地步。在唐宪宗的倡导下，不仅京城的王公贵族，许多的平民百姓也都开始信仰佛教。在唐宪宗的崇佛历史中，最有影响力的当属“法门寺迎奉佛骨”，为此，大文豪韩愈还特上《论佛骨表》一文，表达了对举国礼佛的不满。

法门寺历史悠久，始建于东汉，地处长安以西的凤翔府（今扶风县）法门镇。法门寺原来叫作阿育王寺，直到唐高祖武德八年（625）才更名为现在的法门寺。法门寺之所以能够享誉天下，是因为寺内有一座砖塔，塔中供奉着佛骨舍利。相传天竺阿育王是个崇佛之人，他在佛祖释迦牟尼涅槃之后，将他的遗骨分为了八万四千份，分别埋葬在世界各处。凡是埋葬佛骨的地方，都会建造一座佛塔，而法门寺“因塔置寺，寺因塔著”，自然而然就成了佛教圣地，闻名天下。

在唐代，迎奉佛骨是极其隆重也是最高的礼佛形势，而法门寺作为皇家道场，自然成为皇帝礼佛的不二之选。迎奉佛骨先要将佛骨从法门寺迎到都城长安，在皇宫供奉之后，再送往其他的寺院，一切仪式结束之后再送归法门寺。

自从唐宪宗宣布开塔迎奉佛骨的那一天起，整个长安就陷入了一种莫名的狂热氛围之中。尤其是在皇帝命宦官杜英奇率宫人手持香花，将佛骨从临皋驿迎接到大明宫供奉之时，整个长安都沸腾了。

至于唐宪宗本人，自从佛骨进入皇宫的那一刻开始，在供奉的三日之内，他除了向佛祖进献钱物，每日都在舍利之前念诵佛经。就在唐宪宗和整个长安都陷入崇佛的喜悦和期盼之中时，一篇文章瞬间击碎了天下人的美梦。

韩愈，字退之，因自称郡望为昌黎，所以世称韩昌黎。韩愈是唐朝著名的古文运动主将，有着“文起八代之衰”的美誉，被推为“唐宋八大家”之首。

韩愈是德宗年间的进士，因为在文坛颇负盛誉，所以做过宰相

董晋的巡官，又做过四门博士、监察御史等官。韩愈性格直率，仕途颇为曲折，起起伏伏多次，但他所做的最为轰动的一件事，还是在唐宪宗迎佛的时候上了一道《论佛骨表》。

在这片文章中，韩愈列举了古往今来的众多事实，以此来证明佛教能保佑苍生根本就是无稽之谈。不仅如此，他还称佛骨舍利是“枯朽之骨，凶秽之余”，应将其烧毁。倘若佛祖真有灵验，那所有的灾难都会降在他的身上，所以请皇帝不要担心。

当时幸好有宰相裴度和崔群从旁劝解，韩愈才幸免一死，不过最终他还是被贬为潮州刺史。

除了信奉佛教，唐宪宗还非常迷信道教。自从开始服用丹药之后，唐宪宗的身体每况愈下，终日浑身燥热，焦渴难耐。到了元和十五年（820），唐宪宗的身体越来越差，甚至连常规的朝会都无法出席。

元和十五年（820）正月二十七日，唐宪宗驾崩，谥号为圣神章武孝皇帝，庙号宪宗，死后葬于景陵。据官方的史书记载，唐宪宗正是死于服用金丹过多，体内热气上涌。也有说唐宪宗并非死于丹药，而是被当时一个叫陈弘志的宦官所杀。

唐宪宗在位十五年，以祖上的圣明之君为榜样，虽然有过不少过失，但其每日勤勉于政事，与手下的大臣们共同缔造了大唐的中兴气象。正是因为元和中兴的出现，唐宪宗得以和创造贞观之治、开元盛世的唐太宗和唐玄宗并驾齐驱，成为唐朝历史上不平凡的一位君王。

## 亦仙亦魔白居易

白居易，字乐天，祖籍山西太原太谷。白居易出身官宦家庭，祖上世代为官。大历七年（772）正月二十日，白居易出生于新郑的东郭宅。两年之后，白居易的祖父母相继去世。父亲白季庚将年幼的白居易送到宿州的符离。符离的秀美山水培育了诗人旷达的性情，在这里，他和刘翕习、张美退、张仲远、贾握中四人每日游山玩水，吟诗作对，并称为“符离五子”。

白居易自幼就“聪慧绝人，襟怀宏放”，加之其读书十分刻苦，一度被称为“神童”。贞元十四年（798），白居易高中进士，和当时的又一才子元稹是同科。初入仕途的他就被授予秘书省校书郎一职，文学和仕途双丰收，此时的白居易可谓是春风得意，并被破格升任左拾遗一职。

元和四年（809），成德节度使王承宗起兵叛乱。唐宪宗下旨命宦官吐突承璀为招讨处置使，前去成德征讨叛军。

白居易对唐宪宗进言道：“国家有征伐之事，选取合适的将领是理所应当的。然而自古以来，从来没有用宦官为将的。”后来由于朝臣们一致反对，唐宪宗才将吐突承璀改任为宣慰使。唐宪宗渐渐对白居易产生了不满。

元和五年（810）正月，发生了大臣元稹被宦官殴打的事件。唐宪宗不问青红皂白就将元稹贬黜。作为元稹的好友，白居易向皇帝上了一封奏疏，言辞十分激烈。唐宪宗更将白居易贬为江表刺史，后又贬为江州司马。

就这样，白居易离开了让他风光一时的长安。宦海沉浮，也正是因为其固执的性格，白居易历经五朝，始终不得志。

政治上的不得志使得白居易更加贴近了文学，被贬之后的白居易更加体恤民众。他的诗歌与当时百姓的生活十分贴近，语言通俗易懂。他还是新乐府运动的倡导者之一，并提出了“文章合为时而著，歌诗合为事而作”的主张，在当时影响很大。晚年的白居易热衷于佛教，因为他居住之所在洛阳香山，所以自号为“香山居士”。

武宗会昌六年（846）八月十四日，白居易溘然辞世，终年75岁，死后葬于香山琵琶峰，大诗人李商隐为他撰写了墓志铭。

白居易纵然没有“李杜”的大名，却有“诗王”“诗魔”两个尊号。据白居易自己的解释，了解他的人称他为“诗王”，不了解他的人却称他为“诗魔”。

# 第三章 国运在儿戏中倾颓

## 太子与皇后不可兼得

唐贞元九年（793），还是广陵王的唐宪宗迎娶了郭子仪的孙女郭氏为妻。说到郭氏，人们可能不大熟悉，但她的家人大家应该都知道，她的祖父是为唐朝立有大功的尚父郭子仪，她的父母是民间所传的《醉打金枝》中的郭暧和升平公主。

贞元十一年（795）七月六日，也就在宪宗和郭氏成婚后的两年，他们的儿子李宥在长安的大明宫出生了，这也就是后来的唐穆宗。但李宥不是宪宗的第一个儿子。

就在唐宪宗登基的那一年，李宥被册封为遂王。但唐宪宗之所以迟迟没有册封他为太子，是因为他内心的天平一直在李宥和长子李宁之间摇摆不定。

到了元和四年（809），邓王李宁已经长到了17岁。他的母亲纪氏虽然身份不够高贵，但李宁自幼聪明好学，深得唐宪宗的欢心。按照“嫡长制”的继承原则，听了群臣的劝解，唐宪宗下旨册封长子李宁为皇太子。但好景不长，元和六年（811）十二月，才做了两年太子的李宁居然身染重疾而亡。

李宁死后，唐宪宗不得不重新考虑他的继承人问题。李宥虽然不是皇长子，但其母郭氏身份高贵，乃是皇帝的原配正妻，所以举朝上下都倾向于立皇三子李宥为嗣。

当时颇受皇帝宠信的宦官吐突承璀却突然提出立皇次子李恽为太子。吐突承璀的提议让原本逐渐明朗的局面瞬间变得复杂起来。

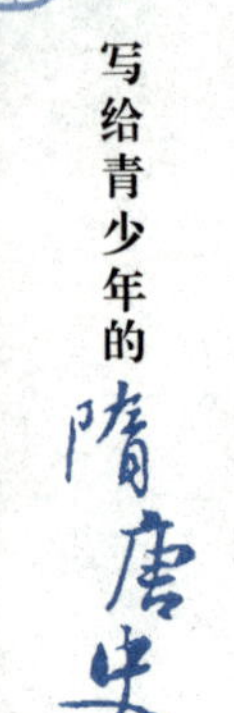

作为一个颇受宠信的宦官，吐突承璀知道在唐宪宗的内心深处根本不想立李宥为太子，因为唐宪宗怕郭氏势力无法控制。

唐宪宗权衡利弊，最终还是决定立皇三子李宥为新的储君。然而事情并没有就这样结束，李恒虽然如愿以偿地被册立为太子，但这并不表示一切的争斗都落下了帷幕。因为皇帝对太子不满意，吐突承璀等人其实并没有放弃对澧王李恽的扶持和经营。

既然李恒已经被立为太子，那么他的母亲也就自然应该被册封为正宫皇后。况且宪宗多年不立皇后于情于礼都不符，所以在太子册封礼举行后的一年，立皇后之事又一次提上了日程。元和八年（813）十月，朝臣们上表请求立德妃郭氏为皇后，但却遭到了宪宗皇帝的拒绝，原因是“岁时禁忌”。

其实，宪宗还未登基之前就颇好声色，这一点让郭氏很不满意，于是夫妻二人的关系便逐渐疏远。而且郭氏门宗强盛，唐宪宗怕立她为后，以后一定会阻碍他广纳嫔妃，所以干脆不立皇后。又因为这次的立太子之事，唐宪宗对郭氏的不满与日俱增，拒绝立她为后多多少少也是他恼怒心情的一种发泄。

吐突承璀敢自始至终支持李恽是因为皇帝在背后撑腰，所以在宪宗身体状况逐渐下降的时候，他便开始加紧改立的计划。对于吐突承璀等人的举动，李恒十分担忧。但他的舅舅郭钊却告诉他尽管放心，只要尽好“孝谨”之心就可以了。

元和十五年（820）正月二十七日，唐宪宗暴死。宪宗一死，宦官王守澄等人便拥立太子李恒登基，是为唐穆宗。吐突承璀和澧王李恽等人马上就被下旨处死。

明末清初的王夫之就此认为唐宪宗并非死于丹药，而是死于郭氏和宦官们策划的一场宫廷政变。在他看来，陈弘志只不过是“推刃之贼”，而真正的幕后凶手则是郭氏和唐穆宗。为掩人耳目，他们便将所有的罪责都归结到术士们的身上。

## 游乐比政务更重要

即位之后的唐穆宗马上将朝臣们进行了一次大换血，他将宪宗以往的宠臣和亲信都以这样或那样的方式贬斥或杀死。对于扶持过自己的人，唐穆宗也给予了不同的赏赐。更换朝臣之后，唐穆宗为了报答母亲多年来为他的苦心经营，下旨册立郭氏为皇太后。不仅如此，郭氏的母亲升平公主和父亲郭暧也被分别册封为齐国大长公主和太傅，郭氏家族的地位在穆宗朝可谓是如日中天。

唐穆宗和其父宪宗完全不同，他并非一个胸怀大志的皇帝，对政事毫不关心。再加上当时的政权被宦官们所掌握，他也乐得清闲，终日将时间耗费在饮宴游乐之上。

唐穆宗不仅喜好游乐，生活还极度奢靡浪费。他在宫中大兴土木，修建了宝庆殿和永安殿等宫殿，不知耗费了多少人力、物力。据说在修建这些园林宫殿时因为假山倒塌，使得工匠丧失了性命。永安殿修好之后，唐穆宗大喜过望，马上下旨在那里上演百戏，极尽欢愉之能事。

长安宫中有个鱼藻池，但因为没有定期得到修缮，到了宪宗时期水池早已淤积。穆宗登基之后便命神策军派两千人前去疏浚鱼藻池，开通之后便在鱼藻宫大摆筵席，并让宫人们撑船在池上竞渡，自己则在岸上观看。

到了九月份，唐穆宗游乐的兴致丝毫没有减退。这一次，他又想借重阳节之名大宴群臣，显示天子的富足与大度。对于皇帝的种种荒唐行为，大臣们实在看不下去了，于是拾遗李珏等人纷纷上奏劝阻。唐穆宗非但没有听从这些劝告，反而更加张扬。重阳节那天，他不仅大宴群臣，还将众多皇亲国戚全部召集到皇宫之中，在宣和殿饮酒作乐。

唐穆宗虽然昏庸，但他有个特点，就是臣子们的劝告他不但不拒绝，也不生气，更不会给予他们惩罚，但就是不听。

他非常欣赏柳公权的书法，于是便下旨将柳公权提拔为翰林侍书学士和右拾遗。柳公权来到宫中之后，唐穆宗便询问他为何他的书法练得如此精妙。柳公权回答道："用笔在心，心正则笔正。"柳公权这句话可谓一语双关，直指唐穆宗的痛处。唐穆宗也知道他的意思，虽然当时觉得十分惭愧，但过后就忘，依旧投身于享乐之中。

因为皇帝饮宴无度，当时在官场和民间都形成了一种风气，那便是整日沉迷酒色之中，竞相吃喝玩乐。

穆宗时期西北少数民族侵犯边境，正是战事紧张之时，唐穆宗却突然要前往华清宫游兴。当时御史大夫李绛和常侍崔元略跪在延英殿外苦苦哀求，希望他以国家大事为重。无奈穆宗一意孤行，第二天一早就离开了大明宫，带着豪华的仪仗和众多皇亲国戚，浩浩荡荡地前往华清宫游乐去了。

正是因为穆宗的无知和无能，唐宪宗费尽心血维持的统一大局即将在他的手上毁于一旦。

## 打马球也会出人命

因为唐穆宗将所有的心思都放在如何享乐之上，所以对于朝廷政事，他从来都不放在心上。为了给自己的游乐铺设一条平坦的道路，从一开始他就任用宦官，用以压制以宰相裴度为首的朝臣。唐穆宗的这种做法不但大大助长了宦官的嚣张气焰，还使得大臣们和宦官势不两立，水火不容。

宦官方面，此时掌握大权的是大宦官王守澄。王守澄虽是宦官，但他手中的权力甚至要超过了宰相李逢吉和牛僧孺。再加上唐穆宗不问国事，大小事都交由宦官处理。宦官的气焰由此更盛。

王守澄利用职权收受贿赂，贪赃枉法，坏事做尽。他的家门口经常是门庭若市，热闹非凡。

时间就在歌舞和酒宴之中浑浑噩噩地一天天流逝，到了长庆二年（822），这场荒唐的游戏终于迎来了它的归期。唐穆宗的兴趣爱好很多，其中有一项就是打马球。

长庆二年（822）十一月的一天，唐穆宗又与宦官们一起击球。没想到在玩耍的过程中，有一个宦官不幸坠马。唐穆宗因为此事受到了惊吓，马上停止了活动，回到大殿休息。突然间，唐穆宗感觉头晕目眩，双脚无法履地行走。这是典型的中风症状，从此之后，唐穆宗就卧病在床，终于停止了之前近乎疯狂的游乐行为。

自这次中风之后，唐穆宗就为自己的不问朝政找到了新的借口。他经常称自己身体不适，不能上朝，后来甚至连宰相都不愿意召见，朝廷上下都陷入了恐慌之中。为了防止意外发生，宰相李逢吉等人接连上书请求穆宗册立太子。然而此时的唐穆宗年纪尚轻，根本不愿早立皇嗣。无奈大臣们不知所以然，还是接二连三地向他奏请。唐穆宗烦不胜烦，于是便答应了他们的请求。

唐穆宗的中风本来就不是十分严重，经过御医们的诊治和一段时间的精心调养，到了年底就基本痊愈了。长庆二年（822）十二月，唐穆宗正式在大明宫宣政殿下诏，册立他的长子，也就是景王李湛为皇太子。

长庆二年（822）的新年因为皇帝的康复和太子的册立变得格外喜庆，到了长庆三年（823）正月初一，群臣们按照惯例来到皇宫向皇帝朝贺新年。但令人失望的是，唐穆宗根本没能来接受百官的朝贺，原因是他又生病了。这次是因为他服用了过多的丹药。

新年过后，唐穆宗的病情进一步恶化，他自知时日不多，于是下旨命太子李湛监国。李湛此时只有15岁，年纪尚幼，宦官们为了能够继续把持朝政于是便草拟了一封诏书，请求郭太后临朝称制。然而郭氏不愧为忠臣之后，身居皇室多年的她也知道这些宦官不过是想利用她罢了，所以她毫不犹豫地拒绝了宦官们的请求，还当面撕毁了制书。

长庆四年（824）正月二十二日晚，年仅30岁的唐穆宗因病离世，在位四年。

## 死于宦官之手的皇帝

唐敬宗名李湛，乃穆宗皇帝的长子。相比唐朝的诸多皇子，唐敬宗这个皇位来得还是比较顺利的。和其父唐穆宗一样，敬宗也是个胸无大志的皇帝，甚至可以说到了“有过之而无不及”的地步。

唐敬宗即位之后便尊祖母郭氏为太皇太后，母亲王氏为皇太后。唐敬宗从不过问政事，将所有的事情都托付给宰相李逢吉，终日只知游宴享乐。从即位的第二个月开始，唐敬宗的游乐生活就从来没有停止过。唐敬宗因为无知，从即位始就开始任用宦官，不分昼夜地赏赐给宦官各种钱财和官爵。

除了终日游宴、喜好奢靡，唐敬宗还纵容手下的宦官胡作非为。时间一天天过去，唐敬宗的做法越来越过分，原先他只是三两日不上朝，后来甚至一个月也难在朝堂上看见他的身影。

为了满足自己享乐之欲，唐敬宗专门从各地召集了一批力士，日日夜夜都陪伴在他的左右。对于陪伴他玩耍的力士和宦官，唐敬宗的要求十分严格。因为他自己就是一位游戏高手，马球、摔跤、手搏等都是他的强项，再加上他性格急躁，所以这些人稍有闪失就会受到严厉的惩罚。据记载，宦官鱼弘志、许遂振等人都是因为在“打夜狐”的时候和唐敬宗配合不当被削去职位，一些力士也是因为不能遂唐敬宗的意最终被流放、籍没。

唐敬宗的荒淫无道使得后宫之人终日担惊受怕，苦不堪言。宦官们对唐敬宗恨之入骨，不久之后就发生了谋杀事件，唐敬宗也因此葬送了自己年轻的生命。宝历二年（826）十二月初八日夜间，唐敬宗和往常一样带着随从们出去“打夜狐”。可能是当夜收获可观，所以回到皇宫之后，唐敬宗依然兴致不减，于是便下旨召集了众多宦官和击球军将前来饮酒作乐。

酒酣之时，唐敬宗感觉浑身燥热，于是便进入内室更衣。不料此时大殿之上的烛火骤然熄灭，宦官苏佐明和刘克明等人便乘着黑暗将唐敬宗杀死了。唐敬宗死时年仅18岁，是除了末代皇帝唐哀帝（17岁而亡），唐朝寿命最短的皇帝。

# 第四章 扫除宦官的努力失败

## 他也曾经有理想

宦官专权问题在晚唐时期愈演愈烈，终于到了一发不可收拾的地步，而真正下定决心要解决它的是唐文宗。

唐文宗名李昂，是唐穆宗次子，也是唐敬宗的亲弟弟。唐敬宗死后，刘克明等人便假传圣旨，命翰林学士路隋拟写了一份诏书，称敬宗死时留下遗诏，命六弟绛王李悟“权勾当军国事”，暂理朝政。刘克明等人这么做就是为了将王守澄手中的大权抢夺过来，于是便于第二天清晨让李悟在紫宸殿外接见了百官，另立新主。

王守澄得知此事大吃一惊，他马上与杨承和等人商量，带领神策军迎接江王李涵入主大内，随后便以“谋反”之罪将刘克明等人悉数斩杀。事后王守澄找来翰林学士韦处厚商议，把江王迎入皇宫。

公元827年，年仅17岁的江王李涵改名李昂，正式继承了哥哥的皇位，改元太和，是为唐文宗。唐文宗生于元和四年（809）十月十日，与唐敬宗同年。他之所以能够继承皇位，完全是因为宦官们之间的互相争斗。

唐文宗即位之后便尊祖母郭氏为太皇太后，居住在兴庆宫；奉自己的亲生母亲萧氏为皇太后，居大明宫；敬宗的生母王氏为宝历太后，居义安殿。唐文宗本想任用外戚来牵制宦官，但无奈的是萧太后父母早亡，只有一个弟弟，但已经失去联系多年。萧太后是闽人，文宗为了找到这位舅舅曾特意派福建的官员暗中寻访，却无果而终，最后这件事只好作罢。

因为唐文宗的特殊身份，所以文宗朝三宫太后并存。但唐文宗为人恭顺，对三宫太后都十分孝顺，对太皇太后郭氏尤为尊敬。他不仅自己经常到兴庆宫给太皇太后问安，还要求大臣和后宫嫔妃们也要在宫门之前请安。

历经三朝的唐文宗早在还在当江王的时候，心中就产生了“中兴唐室”的想法，只是碍于身份，才华不得施展。突如其来的皇位对他来说是一个从天而降的机会，一个帮助他实现夙愿的机会。正是因为心中多年的理想，所以文宗登基后不久就开始对唐朝的弊政进行大规模的改革。

穆、敬二朝虽然只有短短的七年时间，但因为两个皇帝昏庸无道，整个朝廷已经是面目全非，了无生机。为了改变穆、敬二朝奢靡成风的现象，他即位之后便将后宫多余的宫女释放回乡；接着他下旨将五坊内各种珍稀的观赏动物都放归山林，还免除了四方进贡，并将皇宫强占百姓的土地全部归还，并停止了唐敬宗时期一切无用的享乐设施的修建。

裁减后宫、停止营建之后，唐宪宗还拟订了裁撤朝廷冗员的计划。唐文宗即位之初，朝廷各个机构冗官的现象较为严重，不少官员尸位素餐，不仅浪费国家的财政收入，还大大降低了政府部门的办事质量和效率。唐文宗在统计了各部门的官员人数后，下旨将一千二百多名官员遣放还乡。

和穆宗与敬宗的慵懒懈怠不同，唐文宗十分勤勉，对政事也非常关心。他即位之后便下令恢复了原来皇帝单日听朝、双日放朝的制度，并付诸实践，风雨无阻。他还特意将节庆之日安排在双日，这样就不会影响到单日上朝的时间。

为了了解民间的困苦，更好地治理国家，他将臣子们都召集起来，一起讨论治国之道。到了太和九年（835）十二月，唐文宗还下旨铸造了“谏院之印”，赋予了谏官们权力，让他们能够充分发挥匡扶社稷的作用。因为他的努力，文宗朝俨然形成了一种多年未出现的政治清平的氛围。

## 落榜考生

唐文宗虽然锐意进取，为了朝政宵衣旰食，但他自己心里也很清楚，以他的一己之力又怎能如此轻易地消除唐朝多年的积弊？要恢复大唐帝国原有的万千气象，三个问题亟待解决，那就是藩镇割据、宦官专权和朝廷内部的党争。

对于藩镇，唐文宗一时也想不出什么好的解决之道，于是他运用了软硬兼施的办法，尽量将全国的政局稳定在可以控制的范围之内。

此时历史上著名的“牛李党争”已经悄然拉开帷幕。唐文宗在万般无奈之下只得陆续将这两派的官员调离中央，减少两党发生冲突的次数。

稳住了藩镇和朋党之争，唐文宗将要面临多少年来也没能解决的宦官专权问题。虽然说在唐文宗的登基过程中，宦官立下了不少功劳，甚至可以说没有王守澄，唐文宗根本不可能坐上皇帝的宝座。但唐文宗并不想成为宦官手中的木偶。

唐文宗之所以对宦官们如此深恶痛绝，除了他作为一个皇室成员，亲身感受到了宦官专权给国家带来的危害，还有两个十分重要的原因。

其一是王守澄虽然拥立他为帝，但也不过是出于自己利益的考虑。王守澄不仅对他毫无尊敬之意，而且气焰越来越嚣张。

其二是唐敬宗虽然是个荒唐的皇帝，但他的确死于宦官之手，这是个不争的事实。不仅敬宗如此，之前的宪宗和穆宗的死都和宦官脱不了干系。

唐文宗想要铲除宦官专权的想法一提出，马上得到了朝廷上下的一致赞同。其实朝中上下对铲除宦官的呼声一直都很高，就在不久之后的一次制举考试中，一位考生的对策就充分显示了士大夫阶层与宦官们日益激化的矛盾。在这次考试中，幽州昌平人刘蕡的对策如平地惊雷，震撼了整个朝野。

刘蕡的对策一举击中了时代的弊政，大家都争相传阅他的这篇惊世之作，朝中很多官员都对刘蕡的观点十分认可。

虽然刘蕡的文章大快人心，才华和眼光也被世人所肯定，但考官们因为惧怕宦官的权势，都不敢录取刘蕡。

刘蕡落榜之后，朝中的许多官员都上书为他鸣不平。宰相们也知道朝中上下对此事的议论很大，但为了稳定局面，不至于引发事端，只好大事化小，小事化了。

唐文宗虽然没有看到刘蕡的制书也没能看到李郃等人为其鸣不平的奏疏，但对这件事他也有所察觉。无奈他羽翼未丰，地位尚不稳定，根本没有办法公正地对待此事。但这件事情也让唐文宗看清了朝中大臣们的态度，加速了他一举铲除宦官的决心。

刘蕡虽然没有被录用，但他的名声却已经传遍天下，其后刘蕡先后在山南节度使令狐楚、西道节度使牛僧孺的任下做过幕府，被授予秘书郎一职。但不久之后他就因被宦官们诬告被贬为司户参军，最后死在了柳州任上。

刘蕡遇害后，他的事迹被载入史册，为后世人所敬仰。唐朝的许多诗人，如李商隐等，都先后为他做过哀悼的诗文。

唐昭宗对此事也深有感触，其后追赠刘蕡为左谏议大夫，并在民间寻访到他的子孙，授予其官职，让他们继承祖上遗志，为国家效力。

## 泄密的代价是丢了性命

文宗朝大臣之间的朋党之争愈演愈烈。这些大臣为了争权夺利往往和当权的大宦官们勾结在一起。唐文宗既不能依靠他们，还要为他们之间的斗争费心费力，真是烦不胜烦。就在唐文宗苦于没有人才可用的时候，一个人走到了他的面前，这就是时任翰林大学士的宋申锡。

宋申锡，字庆臣，自幼就失去了父亲，靠着自己一个人的努力才得以入朝为官。宋申锡考取进士后，曾经很长一段时间在外地节度使的幕府中任职，后来才辗转回到长安。之后他又先后做过起居舍人、礼部员外郎、中书舍人等官，最后才任翰林大学士。

宋申锡为人忠厚且办事十分谨慎，这也正是唐文宗看重他的地方。而唐文宗之所以最终选择了宋申锡还有一个原因就是此时大部分朝臣都陷入了党派斗争之中，但宋申锡却不在朋党之列，政治背景比较清白。

君臣互表心意后，唐文宗秘密召见了宋申锡，与他探讨解决宦官问题的办法。宋申锡毫不掩饰地表达了自己对宦官的厌恶，并向唐文宗提出了具体的解决办法。太和四年（830）七月，唐文宗正式拜翰林学士宋申锡为相，一场大的变革就要上演。

太和五年（831）年初，经过了种种商讨，唐文宗终于决定开始着手解决宦官问题。一次成功的变革除了要有好的领导者和良好的措施，还需要有大批的人才将改革的计划付诸行动，而宋申锡再怎么有才华也难以一个人担当此重任。

此时的唐文宗和宋申锡不仅要面临手中无人的局面，还要面临一个非常可怕的现实，那就是对手是手握禁军大权的王守澄，而自己手中既没有兵马也没有任何的后援。在这种情况下，想要撼动王守澄只有一个办法，那就是获得京兆尹的绝对支持。京兆尹是长安城的行政长官，手中掌握着长安的兵权，是整个行动的关键人物。宋申锡经过反复考虑，举荐了时任吏部侍郎的王璠出任京兆尹一职。

王璠本来并不知就里，升任京兆尹之后他才得知自己的任务是要和宰相宋申锡一起铲除宦官。为了不打草惊蛇，唐文宗和宋申锡的计划没有其他人知道。但不幸的是王璠觉得风险太大，便将实情透露了出去。很快，这件事便传到了大宦官王守澄的耳中。

王守澄得知此事之后对宋申锡恨之入骨，他马上指使自己的手下神策军将领豆卢著向唐文宗递上了一份奏章，内容是宰相宋申锡图谋不轨，想要推倒唐文宗，拥立其弟漳王李凑为新帝。很显然，这是一封诬告的奏折，据说当时唐文宗并没有多加审查，就听信了豆卢著的话。

唐文宗让王守澄将此事调查清楚，王守澄回到神策营后马上就着召集了兵马，准备到宋申锡家大肆屠杀。

就在这个时候，飞龙厩使马玄亮站了出来，他虽然也是宦官，但颇具正义之心，他对王守澄说道："如今宋申锡的罪名还没有坐实，倘若你杀了他全家，会引起众怒。如果长安因为此事乱了起来，我们也没办法收场。当务之急是和众位宰相商议该怎么处理，最好不要轻举妄动。"

王守澄觉得马玄亮的话也在情在理，于是便派人将宰相牛僧儒等人召集到延英殿商量。

虽然朝中大臣们都觉得宋申锡谋反一事不可思议，但没有人敢站出来说几句公道话。为了将宋申锡的罪名坐实，王守澄逮捕了一些漳王府的人，用屈打成招的办法让他们告发宋申锡。意图谋反是诛灭九族的大罪，宋申锡落到了王守澄的手中，他就是纵有千般本事也解释不清楚。

事情发展到了这个地步，马玄亮又一次站了出来，他跪求唐文宗要慎重处理此事。唐文宗便将牛僧儒等人召来商议。牛僧儒此时也说："做人臣的官不过宰相，宋申锡如今已为宰相，有什么理由谋反呢？我看他应该不会做这种事。"王守澄也害怕再闹下去反而横生枝节，便就此作罢。

最终唐文宗免除了宋申锡的死罪，但还是将他贬到开州去做司马，漳王李凑也被贬为巢县公。就这样，第一次铲除宦官的行动还没实施就宣告流产。

## 医生是危险人物

宋申锡一事给唐文宗的打击很大，就在此后不久，党争问题又一次浮出了水面，弄得唐文宗无所适从。因为接连发生的一系列事

件，唐文宗一直有一股郁结之气在胸中难以抒发。十二月十八日，身心俱疲的唐文宗患上了风疾，后来竟然发展到了口不能言的地步。在王守澄的推荐下，神策营行军司马郑注前来为皇帝诊脉。

郑注是山西翼城人，因为家中十分困苦，所以便四海游历，以行医谋生。他本来姓“鱼”，所以又被称为“鱼郑”。郑注曾经在地方上治好了许多官员的疾病，所以名声便渐渐大了起来。后来徐州的一个牙将把他推荐给了徐州节度使李愬。郑注不负所望治好了李愬的病，随后就被推任为徐州节度使官署的衙推。

郑注自恃有些才能，当官了之后就对徐州的军政有些看法，但他的这种做法却惹怒了当时在徐州担任监军使的王守澄。王守澄想让李愬把郑注赶出军营，但李愬却把郑注推荐给了王守澄，并说他是一个值得一用的奇才。

王守澄虽然大惑不解，但因为有李愬的推荐，他还是同意和郑注谈一谈。李愬见王守澄应承了，便马上命郑注前来拜见。这一谈，王守澄大喜过望，两人气味相投，简直是相见恨晚。其后，王守澄被调回承安任知枢密，郑注也随他一起来到了都城。

郑注半个月之后便将唐文宗的风疾治好了。唐文宗对郑注十分感激，郑注一时间成了皇帝身边的红人，前来巴结他的人更是络绎不绝，而贪财的郑注对于这些人所送的财物全部照单全收。在这些行贿之人中，有个名叫李训的流放之徒。在钱财的诱惑下，郑注便向王守澄引荐了李训。在王守澄的安排下，李训很快就来到了唐文宗身边。

李训不仅长得一表人才，风流倜傥，而且才识过人，尤其精通《周易》，这便大大合了唐文宗的心意。王守澄引荐郑注和李训是为了间接地控制唐文宗，然而唐文宗不知就里，反而将他二人引为知己。在多日的相处之后，唐文宗便将他心中的苦闷倾诉给了郑、李二人。

郑注虽然贪财，但也有些见识，而李训费尽心力回到长安就是为了一展抱负。所以，二人听了唐文宗的倾诉之后都表示愿意担当起诛灭宦官的重责。唐文宗觉得自己又一次找到了得力的人才，于是下旨拜李训为相，擢升郑注为凤翔节度使。

李训首先解除宦官手中的兵权，将王守澄调任神策军右中尉，而命宦官仇士良接替了他之前的左中尉之职。

仇士良本就和王守澄有过节，也同意帮助李训等人。分割了王守澄的兵权之后，李训等人旧事重提，将当年唐宪宗的死又翻了出来。而仇士良更是十分肯定地说，唐宪宗就是被陈弘志和王守澄害死的。李训的本意是将陈弘志调来长安指证王守澄，但陈弘志却在不久之后莫名其妙地被人杀害了。

这个计划落空之后，唐文宗又将王守澄调升任为六军十二卫观军容使，目的是把他调离长安。失去兵权之后的王守澄毫无还击之力，随即就被唐文宗用毒酒赐死，对外却宣称暴病身亡。与此同时，韦元素、王践言、梁守谦、杨承和等宦官也先后被赐死或者流放。

## 苦涩的甘露

为了进一步掌控局势，李训又把自己的心腹们分派到各大重镇去担任节度使。其后，他召集了金吾使韩约、太原节度使王蟠、邢宁节度使郭行余商议如何处理王守澄的遗留问题。

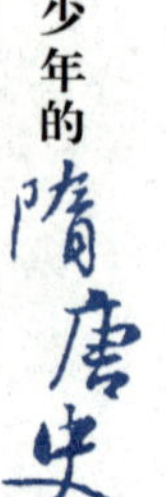

在李训的示意下，太和九年（835）十一月二十一日，韩约在朝堂之上向唐文宗奏报说金吾厅出现了难得一见的祥瑞，后院的石榴树上降下了甘露。听闻祥瑞出现，唐文宗也是大喜过望。李训和舒元舆等人趁势向皇帝祝贺，并请求唐文宗前去观赏。处在兴奋状态中的唐文宗马上下旨命文武百官们前去观赏，当然包括了当时掌权的宦官。甘露祥瑞是假，李训等人想借此机会除掉宦官是真。

一行人到了含元殿后，唐文宗先是派了李训前去金吾厅看看情况。李训回来报告说甘露已经不是很明显了，但请唐文宗不要宣扬出去。唐文宗对此事深表怀疑，便命身边的仇士良和鱼弘志带着宦官们前去看个究竟。

仇士良和鱼弘志出去后，李训马上召集王瑶和郭行余等人进入含元殿布置行动。然而此时王瑶已经吓得全身发抖，根本无法动弹。最后是郭行余带着自己数百名亲兵来到了丹阳门外等候诏命。

与此同时，仇士良等人已经进入了金吾厅的后院。众宦官纷纷围到石榴树下看祥瑞何在。因为树上本就没有所谓的祥瑞，再加之计划还未施行，韩约的情绪十分紧张，甚至汗流满面。韩约的反常很快就引起了宦官首领左神策军中尉仇士良的注意，就在仇士良询问他何故的时候，金吾厅后院突然刮起了一阵狂风。

这阵风吹起了幕帐的一角，早早埋伏在里面的将士暴露了。仇士良马上带领众人回撤到含元殿。李训见计划被打乱了，马上下令手下将士们提前动手。他命金吾厅的卫士们赶快前往含元殿保护唐文宗。

就在此时，宦官们率先带着唐文宗迅速从含元殿撤离。李训见状，马上拦住文宗御驾，混乱之中，仇士良和李训扭打到了一起。然而李训孤掌难鸣，最后宦官们还是抬着唐文宗的御驾进入了宣政门。

等到众人率兵赶来，宣政门已经紧紧关闭。仇士良马上派神策军从三面包围了朝官们办公的场所。没能出宫的官员全部被当场斩杀，人数多达六百余人。

其后，李训、王涯、舒元舆都纷纷被捕。李训被抓之后不想忍受宦官们的侮辱，对押送自己的官军说：“现在朝廷的禁军在到处搜捕我，是因为抓到我就能得到朝廷的重赏。你们还不如把我杀了，拿着我的首级去领赏。”这些人便将他杀死。

太和九年（835）十一月二十三日，王涯、舒元舆、郭行余等一干人被斩杀于长安城中的独柳树下。这场事件前前后后延续了十几天，共有六七百个朝臣被诛杀，这便是文宗朝著名的“甘露之变”。

“甘露之变”的发生标志着唐文宗多年来想要铲除宦官的理想破灭，在这之后，唐文宗一改以前的强硬态度，对宦官问题变得不闻不问。而宦官们在“甘露之变”更是提高了警惕，一方面将唐文宗软禁起来，一方面想尽各种办法巩固自己手中的权力。

唐文宗的意志逐渐消沉，他无心问政，终日饮酒消愁。一天，唐文宗和翰林学士周墀共饮，他问周墀：“朕可以和前代的哪位君王相比呢？”周墀回答道：“此事不是臣所能评价的。但依臣所看，陛下您堪比尧、舜。”

唐文宗惨淡地说道：“朕怎敢与尧、舜相比。我问你，朕比之周赧王和汉献帝如何？”周墀无言以对。唐文宗继而说道：“周赧王和汉献帝被诸侯钳制，如今朕却受制于自己的家奴。这样说来，朕连他们都不如。”

带着自己未完成的理想，唐文宗惨淡地度过了自己的余生。“有帝王之道，而无帝王之才”，这是历史上对唐文宗的一贯评价。唐文宗的一生虽然抱有远大的理想，也为此勤勤勉勉，但最终还是因为缺少治国才能而抱憾终身。

## 宦官专权是怎样炼成的

晚唐的宦官擅权是唐朝历史上不容忽视的一个重大问题，那么唐朝的阉党之乱又是从什么时候开始的呢？早在唐朝建立初始，后宫之中虽然也有宦官，但只是负责掖庭、宫闱等日常事宜。为了限制宦官们的权力，唐太宗曾特意下旨规定宦官的职位不得超过四品，并且基本上不派宦官出使外地。

安史之乱爆发之时，唐玄宗开始用宦官监军，其目的就是保证中央对各地军队的控制。

在大战之后，这项措施本应该适时地改进或给予废除，但玄宗之后的皇帝们基本上都没有慎重思考过这个问题。晚唐时期的宦官问题之所以愈演愈烈，玄宗之后的皇帝难辞其咎。尤其是在唐德宗贞元年间，宦官插手朝政的局面基本上确立了下来，而且一直延续到唐朝灭亡。

因为自己父亲代宗是由宦官所拥立，幼年时的唐德宗目睹了宦官给朝政带来的种种弊端。为了表示自己“疏斥宦官”的决心，他刚即位就下旨将图谋不轨的宦官刘忠翼赐死。他在建中初期对待宦官的严厉态度，也使得宦官们在这段时期内气焰有了很大的收敛。

建中三年（782）年末，淮西节度使李希烈起兵叛乱，唐德宗下旨征调泾原军前去征讨，却在半路发生了哗变。“泾师之变”彻底中断了唐德宗的削藩大计，在经历了这次叛乱之后，他的雄心大志丧失殆尽，在对待宦官问题上，唐德宗的态度也逐渐发生了改变。

在唐德宗逃亡的途中，他看到了朝臣的难以依靠，同时感觉到了他的内侍宦官窦文场和霍仙鸣的忠心。正是因为这样的经历，他最终把宦官划归到自己最亲近最信任的人群之中，在回到长安之后，唐德宗就将禁军的统领大权全部交给了窦文场和霍仙鸣等人。

自此之后，唐德宗将自己的人身安全交到了宦官的手上，而唐代宦官分典禁军的制度便由此延续了下来。贞元十一年（795）五月，他特意下旨，将宦官监军的制度以法定的形式确定了下来，还特地给监军使颁赐了官印。唐德宗的种种做法使得宦官手中的权力空前地膨胀起来，成为朝廷一股强大的势力。

# 第五章 在困局之中异军突起

## 被女人推上皇位

唐武宗李瀍十分喜爱出宫游玩，早在他还是颍王时，他就游历过众多的名山大川、历史名城，而风景秀丽的邯郸就是其中之一。邯郸东临滏阳河，西倚太行山，不仅自然环境得天独厚，而且风土人情别致，古风犹存，颍王当然得去看看。李瀍到达古城后，就听说当地有一个非常有名的王姓歌伎，不仅长得美艳惊人，而且歌舞俱佳。

唐朝当时世俗婚姻观念相对开放，王爷娶一位歌伎并没有遭到太多非议，婚后王氏便随同李瀍一起住进了十六宅中的王爷府。

而正是这位他最挚爱的王姓美女，通过自己的胆识，将自己的丈夫推上了皇帝的宝座，从而开创了唐朝一段短暂的中兴。

据《唐阙史》中的记载，唐文宗病重时，突然决定立陈王李成美为太子，但还未册立便快不省人事。仇士良等人在杨妃的帮助下趁机篡改圣旨，同时派出了神策军前去迎接安王李溶，欲偷梁换柱。但出现了一点小波折，这个突如其来的状况发生之后，唐朝的大局便开始朝新的方向发展。

仇士良于匆忙之间派去十六王宅的神策军是一帮没文化的粗人。当他们一大群人浩浩荡荡地来到十六王宅时，却连要迎接哪位亲王都没弄清楚。

同住在十六宅里面的安王和颍王此时都听到了外边的喧哗之声，但是在没有最终确定之前谁都不敢贸然行动，气氛就这样僵持着。颖王在邯郸带回的王妃突然做出了一番惊人举动。

只见王氏从容地走到此时乱作一团的神策军将士和宦官面前，用自己清亮的嗓音完成了唐朝历史上最成功的一次忽悠："你们听着，'大的'说的就是颖王殿下。你们看颖王殿下身材魁伟，连当今皇帝都称他为'大王'。"见众人愣住，王氏继续说道："颖王与你们的上司仇中尉还是生死之交，经常一块喝酒。拥立新君可是头等大事，你们可要谨慎，一旦出了岔子可是要满门抄斩的！"众人一听完全辨不出真假。王氏却毫不含糊，接着转身就把隐藏在屏风后边的颖王李瀍推了出来。

果然，李瀍生得高大魁梧，和王氏所说无异。神策军便即刻拥李瀍上马，护送至少阳院。仇士良看到站在少阳院里的李瀍完全不知道怎么回事，经过一番询问才知道迎错了人，仇士良只好将错就错，拥立颖王为皇太弟。

几天之后，被立为皇太弟的李瀍在哥哥的灵前即位，是为唐武宗。武宗在位时期，任用历史上有名的李德裕为宰相，使得藩镇之乱和宦官之祸得到了极大程度的遏制，并且改变了唐朝后期佛教威胁到朝廷的局面。

唐武宗读书虽然不如文宗，但是因其长年在外游历，接触到社会较多，观察社会的机会也更多些。正因为如此，他更为知人善任，同时也少了一些迂腐的书生意气，更加能够面对现实，为百姓们着想。唐武宗为人十分谦虚，也能够虚心接受臣下们中肯的建议。很多时候他都能放下身份，向宰相当面认错，这在历朝历代的皇帝中都十分少见。唐武宗重用李德裕并充分信任他，使李德裕的能力能充分施展。李德裕在任之时，提出过政归中书等政策，使得国家渐渐回复元气，因此这个时期被后人称为会昌中兴。

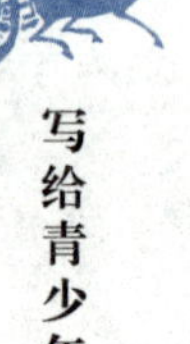

## 一朝天子一朝臣

唐武宗即位之后马上下旨罢免了一些官员，曾经反对他继承大

统的宰相杨嗣复和李珏就在这一时期被罢黜。

接着唐武宗便启用崔铉为相，但在他的心中有着极其远大的政治抱负，单单凭一个崔铉不足以帮助他成就大业。唐武宗此刻亟须一个人来帮助他重振李氏王朝的雄风，这个人首先必须有出色的才华，其次必须有卓著的威望，与此同时还必须拥有多年的从政经历。因为只有在这样的人才的帮扶之下，才有望一扫文宗时代的孱弱萎靡之风。这个人就是时任淮南节度使的李德裕。

李德裕回到长安之后，唐武宗马上接见了他，二人就朝局和国事深谈了一番。一向自命清高的李德裕表示自己将一心一意侍奉君王，洁身独立，绝不与奸佞小人结为朋党。李德裕的这番话无疑是一封决心书，这让唐武宗大为感慨。

李德裕入相后，以宰相为中心的中书省充分发挥了其作用。他加强了宰相的权力，其目的在于提高朝官的声威，抑制宦官权力扩张，保证中央集权，统一管理。自打回到长安的那天起，李德裕就几乎站在了仇士良的对立面。与唐武宗一样，他并不会主动去和仇士良等正面相抵抗，而是通过壮大自己的势力，来慢慢削弱对方的势力。

唐武宗对李德裕不仅信任还十分尊重，当初武宗将前宰相李珏、杨嗣复贬谪罢黜，本已下令将二人处死，但李德裕上表力谏，唐武宗也就依他的意思，赦免了他们。

唐武宗在即位之初，就下旨罢免了前宰相杨嗣复和李珏。到了第二年正月，新帝改年号为会昌，同时依照惯例宣布大赦天下。仇士良担心已被贬为地方观察使的杨嗣复和李珏有朝一日东山再起，便决意斩草除根。

当年三月，赦令的有效期一过，他便再次将矛头对准这两个政敌，并不断对天子施加压力，上表请求除掉二人。武宗派出了两路宦官前去诛杀二人，当时的杨嗣复身处潭州（今湖南长沙），而李珏任职桂州（今广西桂林）。

李德裕在第一时间就获知了此事，立即召集大臣到中书省紧急磋商，并请枢密使杨钦义入宫面奏皇上，反对诛杀二人。与此同时，他还联络另外三位宰相，在武宗下诛杀令的第二天采取行动，一天之内三度向武宗递交奏书，劝唐武宗不要听信仇士良之言，杀杨、李二人。

此时的李德裕很清楚，如果这次仇士良得逞，那么其气焰会越来越嚣张。唐武宗断然没有想到，他眼下宠信的这臣子居然如此重视两个前朝旧臣。杨嗣复再度被贬为潮州刺史，李珏也被贬为昭州刺史，至此此事就算告一段落。

之后，李德裕向唐武宗提出了政归中书的政策，并公开让武宗简政放权。对于李德裕的意见，唐武宗当然欣然接受。

而对于李德裕来说，他之所以能够将自己的政治才能充分地发挥出来，必须得感谢唐武宗为他搭好了一个宽广的政治舞台。纵观李德裕的一生，最辉煌的时期就是武宗在位的六年。在这六年的时间里，他帮助唐武宗内制宦官、外平回鹘，汰冗官、定昭义、助灭佛，可以说功绩赫赫，几乎可以称之为晚唐之时最著名的宰相。而他们君臣之间的合作则被史学家们称颂为“君臣相知成为晚唐之绝唱”。

## 游戏皇帝的治世

武宗时期的君主之治，可以说是昏庸和英明并存，其特点是表现了复杂的多样性。初上台的唐武宗是个年少天子，风流倜傥，喜好玩乐，劲头不亚于自己的父亲唐穆宗和哥哥唐敬宗。唐武宗非常喜欢骑射、打猎、击毬、鞠球、角抵这类活动，疯狂沉迷于各种武戏。

令人稍感欣慰的是，唐武宗并不是一个只懂得游玩享乐的君主。和其他的皇帝不同，他在疯玩之后依旧能保持清醒的头脑。

唐朝在举行宴饮时风行酒令，唐武宗也深谙此道。他听说扬州的女伎多才多艺，尤其擅长行酒令，于是便命令驻在扬州的淮南监

军使在当地选取十七名女伎献入宫中。为了逢迎君主的喜好，监军使要求当时的淮南节度使杜悰再加选一些良家美女，教她们练习行酒令之后一起进献到长安。

杜悰为人颇为正直，表示拒不参与此事。监军使见他如此固执，一怒之下就弹劾了杜悰。唐武宗接到状表后，沉默了许久，便下令淮南监军停止选美的活动。不久之后，淮南节度使杜悰入朝拜相。

唐武宗在位期间最成功的一大举措就是重用了宰相李德裕，可以说他中兴大唐的统治，有很大一部分是李德裕帮他完成的。千疮百孔的大唐终于重振雄风，顺利甩掉了积贫积弱的包袱。

唐武宗在李德裕的帮助下于会昌年间进行了一系列的改革，其中较为有效的就是对吏治的整顿。为了提高朝廷各部门的行政效率，节省国库的开支，李德裕在征求了唐武宗的同意和支持下，开始大刀阔斧地裁减了冗余官员。此举虽然于国于家都是有利无害，但触及了不少既得利益者的痛处，因此一经实施就引起了不少人的反对。但在唐武宗的坚持下，裁减官员的措施还是突破了重重阻碍，推行了下去。

除了对冗官进行了裁减，李德裕和唐武宗还对贪污、腐化等行为进行严惩，以此来加强国权的集中管理，提高办事效率。武宗为了整顿吏治立法极严，尤其是对官吏贪赃枉法的惩治，更是从严从重，绝不姑息。

因为贪腐的官僚行为一直是百姓痛恨的政府行为，为了改善政府在人民心目中的形象，武宗在即位赦文中宣布将官典犯赃归于十恶、叛逆、故意杀人等罪行之列，排除于大赦范围之内。

有些官吏为了进京赴选，多有举债。虽然他们都说到任奉还，但是俸禄就那么多，导致了很多人的贪污受贿。为解决官吏的京债问题，会昌时期增加了这些人的薪俸，同时出台了新的政策，允许国家借款给他们以偿债。此外，还发给官吏养廉银以促使其奉公守法，虽不能从根本上解决贪赃枉法问题，但也有一定的积极作用。

为了扶正社会风气，抑制贪污腐化，这一时期还加强了御史和谏官的权力品级。例如，会昌二年（842），朝廷下旨将御史大夫由从三品提升为正三品，将御史中丞由正五品上升至正四品。御史台作为古代吏治的监督机关，肩负着监察百官的重任。唐武宗这么做就是为提高其热情，使其更尽心尽职地工作，并充分发挥其监督作用。

谏议大夫在初唐时期一直享有重要的地位，作用就是上疏劝谏、补过拾遗。唐武宗效仿先帝纳谏，从他主动提高谏官品级就可见一斑。武宗会昌年间对吏治的改革，令中晚唐的二十年间受益颇多，虽未能阻止李唐王朝的衰败，但最终使得当时的政治局面达到了相对清明的状况。

## 大权是我的，你不能抢

对宦官也有诸多不满的唐武宗，并不是像自己的哥哥唐文宗那样采取极端措施来打压他们，而是采用逐渐冷淡的态度和隐秘的手段来对其进行压制。武宗拜崔铉为相时，没有同枢密使等大宦官商量，自己做了决定之后就直接颁旨了。

仇士良等人因拥立武宗登基有功，加上在前朝一手遮天，所以此时他们在朝廷上很是跋扈，可以说是把谁都不放在眼里。然而唐武宗对李德裕的信任和喜爱使得仇士良逐渐感到了危机和压力。为了打击和压制李德裕，以便重新控制武宗，仇士良决定先发制人，给李德裕一个警告。但出乎其意料的是，这件事丝毫没有打击到李德裕，反而给自己制造了难堪。

会昌二年（842）四月，群臣上表向天子进献尊号，称其为“仁圣文武至神大孝皇帝”。按照惯例，唐武宗接受了尊号后便将登上丹凤楼接受尊号并宣布大赦天下。此前一天，曾有人私下里告诉仇士良，宰相和度支正在草拟诏书，打算削减禁军的日常供给以及马匹所需的草料，并将在第二天皇帝宣告大赦令时发布。

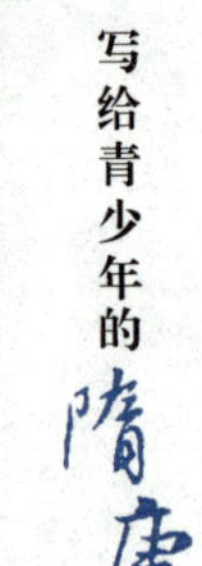

仇士良一听此言，便想趁着这个机会给李德裕难堪，于是他就把这件事假装无意地散播给了禁军的将士们，目的是引起禁军士兵的哗变。

仇士良更是当着朝臣们的面扬言说道："要是果真是这样，到了明天，军士们一定会跑到丹凤楼前示威请愿。"这一番话与其说是在向朝臣们提出警告，不如说他是在向神策军士兵发布行动指令。

为了稳住局面，李德裕马上进宫面见唐武宗，请求他在延英殿上澄清此事。武宗听了事情的原委后大怒，马上派特使带着圣旨到左、右神策军前宣布道："大赦的诏书中根本无此事。而且赦书都是出自朕意，并不是宰相拟定的，你们从哪听说的这些话！"

仇士良的阴谋虽然败露了，但他毕竟在宫中多年，在后宫和前朝都有着盘根错节的关系网，不能轻易撼动。因此，唐武宗不仅没有严厉查办仇士良及其党羽，反而给他升了官，拔擢为观军容使。

武宗此举十分巧妙，因为观军容使虽然品阶较高，却是个虚职，唐武宗这么做表面是在擢升仇士良，实际上是将他从拥有实权的神策军调离出去。

李德裕的成功除了措施得当，还有两个重要的原因：一是唐武宗对李德裕的绝对信任，二是李德裕与宦官新贵、枢密使杨钦义的交情深厚。如果没有唐武宗的绝对支持，李德裕此举根本不能发挥作用。至于杨钦义，虽然也是宦官中的一员，但作为后起势力的他，当然是站在皇帝和李德裕这边的，同时他也主张中央集权，对制约仇士良一派很有帮助。

到了会昌三年（843），仇士良向武宗要求致仕，而武宗没有挽留。仇士良致仕后不久，便于会昌三年（843）六月死在了自己的府邸里。第二年六月，唐武宗诏令削去了仇士良的所有官爵，并抄没其全部家财。

专栏

## 唐武宗拆寺

有唐一朝，全国各地都遍布着佛寺，僧尼的数量也是以往任何朝代无法比拟的。这为数众多的僧尼和寺庙消耗掉了国家的大笔财富，并且随着佛教的兴盛，寺庙经济逐渐演变成了一种新的经济形式，并在国家经济中占的比重越来越大，严重制约了社会经济的发展。

唐武宗即位之后也深刻地感受到佛教过盛的弊端，性情率直的他甚至为此事大怒道："让朕的天下如此贫困的正是佛教！"

除了经济问题，唐武宗在会昌年间施行大规模的灭佛活动还有一个重要原因，那就是佛、道二教之间因为各自的信仰不同，不断斗争，而信奉道教的唐武宗自然也就站在了佛教的对立面上。和其他的君王一样，唐武宗也十分向往长生不老，他在位时十分宠信一个叫赵归真的道士，并拜他为师学习"神仙之术"。

赵归真受宠于皇帝，便每每在与武宗交谈的时候诽谤佛教，目的就是想让道教一统天下。对于赵归真的话，武宗深信不疑。

会昌五年（845）五月，祠部给唐武宗呈上了一封奏疏，称全国各地共有寺院四千六百余所、兰若四万余所，僧尼更是多达二十六万余人。在调查清楚了各地的情况之后，唐武宗便开始制订具体的推行方案，为后续工作做好准备。

会昌五年（845）七月，唐武宗正式颁布制书，宣布推行打压佛教的政策。在这封制书之中，唐武宗严格规定了各地所能保

留的寺院和僧尼数量。

根据《唐大诏令集》中的记载，这次灭佛共拆毁寺庙四千六百余所、兰若四万余所，寺庙被拆之后，僧尼们也被强制还俗，而寺院之前所拥有的田地和财产全部没收，佛像等佛器也被朝廷回收用于铸钱。

# 第六章 最后的希望之光

## 装傻装出来的皇位

唐宣宗名李忱（原名李怡），是唐宪宗的第十三个儿子。他的生母郑氏本姓朱，乃润州人士，是原浙西观察使李锜家中的一个小妾。李锜作乱被朝廷处死，郑氏就随同李锜的家眷们没入掖庭为奴。当时宪宗的贵妃郭氏看中了她，便把她从掖庭调到自己身边充任侍女。

郑氏天生丽质，不久之后为唐宪宗所宠幸，从一个普通的宫女成为升宫妃嫔中的一员。宪宗元和五年（810）六月二十三日，郑氏在大明宫生下了儿子李忱，就是后来的唐宣宗。李忱并非唐宪宗的嫡子，而且名次比较靠后，所以几乎没有可能继承皇位。长庆元年（821）三月，继承了宪宗皇位的唐穆宗封李忱为光王，所以自此之后他就一直以亲王的身份住在十六宅中。

十六宅是位于长安城西北角的一个独立坊区，南临兴宁坊，西边是长乐坊。这片区域内的建筑和普通的民宅不同，都是一些十分华丽的住宅，而且住在这里的都是本朝的诸位亲王。

自从唐朝的继承制度在唐敬宗之后由原来单一的“父死子继”逐渐开始出现“兄终弟及”后，十六宅里就诞生过不少皇帝，唐敬宗的弟弟唐文宗就是其中一例。

和其他的皇子不大一样，光王李忱为人沉默寡言，不善与人交谈。也正是因为他和其他人在政治上几乎没有利益冲突，所以十六宅中的其他王爷对他的态度也很特别，他们既同情这个呆头呆脑的

王爷，又忍不住经常戏弄和取笑他。之后的敬、文、武三位皇帝都是以兄终弟及的方式继承了皇位，李忱就自然而然成了三代天子的皇叔。李忱虽是皇叔，是他们的长辈，但因为心理上的缺陷几乎从来没有受到过这几位侄子的尊重。

武宗时期，还在做光王的李忱曾经有一次和唐武宗外出。在回来的途中，李忱不慎落马，顿时就昏迷了过去，但他周围居然没有任何人发现。

那时正值寒冬，室外更是冰天雪地，半夜二更的时候，他竟然苏醒了过来。醒来的他浑身冰凉，没有一点力气，但此时四周空无一人。就在这个危急的关头，一个巡夜之人发现了奄奄一息的李忱。巡夜之人看他实在可怜，便取了一碗水给他。李忱喝了水后，身体逐渐恢复了一些知觉，便踉踉跄跄地自己走回了十六宅的住所。饱受磨难的光王在武宗死后终于迎来了自己的春天。

唐武宗英年早逝，死时长子也只有几岁，还是个懵懂无知的幼童。在这种情况下，光王李忱慢慢地走进了人们的视野。

会昌六年（846）三月二十日，唐朝廷向天下人宣布了唐武宗的遗诏，武宗的皇子年龄太小，而光王李忱贤德，可立为皇太叔，在正式即位之前代领国事。

在之后的日子里，皇太叔李忱开始代病重的唐武宗处理政事，而他举手投足间表现的自信与果敢和之前木讷呆滞的光王简直判若两人，积压了数月的政务在他的手中都被快速地处理完了。

会昌六年（846）三月二十三日，唐武宗驾崩，皇太叔正式即皇帝位，是为唐宣宗。这一年，李忱已经37岁，算是唐朝即位新君之中年龄较长的一位了。

## 姓牛还是姓李

自唐宪宗始，朝廷之中就有着所谓的“牛李党争”。一般说来，牛党的代表人物是牛僧儒和李宗闵，而李党的代表人物自然就是李德裕了。又因为在牛党之中，李宗闵所起到的作用比牛僧儒更大些，所以又有“二李党争”的说法。

而始于宪宗，终于宣宗的“牛李党争”是中晚唐时期影响最大、持续时间最长的一次政治斗争，和唐朝后期的治乱兴衰关系密切，这也是历史上不多见的。

“牛李党争”开始于唐宪宗元和三年（808）的“贤良方正能言直谏科”，在穆宗长庆元年（821）因为进士科考试舞弊案愈演愈烈，直到宣宗朝李党的首领李德裕罢相，其党派成员也大多数被贬职而宣告结束。

在当时，科举考试具有一定的客观标准，使出身低微的知识分子得到了进入仕途的机会，打破了旧的严格的门阀等级界线，选拔了某些有才干的人。

庶族们的平步青云让养尊处优的士族们感到强烈的心理失衡。于是，正当文人才子们都在寒窗苦读，为挤过这道狭窄的入仕门而争得你死我活、头破血流的时候，一场政治斗争在文人间如火如荼地展开了。

元和三年（808），朝廷照例举行“贤良方正能言直谏科”考试，李宗闵和牛僧儒都是这一年参考的士子，在策文中他们二人不约而同都写了对藩镇的策略，都认为不该对藩镇大加征讨。李、牛二人才华横溢，洋洋洒洒，征服了考官杨于陵和韦贯，最后被“擢为上第”。

但当时的宰相李吉甫，是主战派的重要成员，对李、牛二人的言论十分不满，而支持对藩作战的唐宪宗也自然站在李吉甫一边。因为这件事，杨于陵和韦贯都被贬斥，而牛、李二人当然也没有得到重用。

穆宗长庆元年（821），李宗闵、牛僧儒终于摆脱了李吉甫的阴影，进入朝廷为官，而此时与他们同朝的还有李吉甫的儿子李德裕。

长庆元年（821）三月，朝廷又举行了“常科”考试。当时的

翰林学士李绅和西川节度使段文昌都在之前告知过考官钱徽，希望他们能够照顾自己所荐之人。但到了最后，他们二人的亲属无一中举，而裴度之子、李宗闵之婿等公卿子弟都位列其中。段文昌不满这个结果，就上书揭发主考官钱徽和杨汝士徇私舞弊。

时任翰林学士的李德裕和李绅建议唐穆宗严肃处理此事。唐穆宗于是命白居易等人对这次参加考试的士子再进行一次检验，果然这些被录取的公卿子弟都是没有才学之人。李宗闵因受此事牵连，被贬剑州。至此，牛党和李党之间的斗争正式拉开帷幕。

牛、李两党的政治主张截然不同，主要表现在：李党力主摧抑藩镇割据势力，恢复中央集权；牛党反对用兵藩镇，主张姑息妥协。其实，这样的争论具有一定的历史意义。可是自长庆以后，已经完全演变成一场争权夺利的政治斗争。

唐文宗即位之后，因为牛僧儒等人对地方势力的妥协态度，发生了著名的“维州事件”。因为此事，唐文宗脸面尽失，遂将牛僧儒一干人贬职。之后的武宗启用李德裕为相，武宗会昌年间是李党的繁盛期，李宗闵等牛党人都被打压。

唐宣宗一上台也开始了自己的权力重组。他不仅将朝臣做了全方位的更替，更将武宗当初所信赖的官员一律弃之不用。

唐宣宗即位几天之后，就下旨将李德裕罢相，贬到荆南做节度使，不久又将他贬到一个更低的职位，那就是在东都洛阳担任留守一职。

失去了武宗朝的光环，李德裕在大中年间一路走低，仕途极其不顺，最后死在了崖州任上。

李党是公卿显官集团的政治代表，他们与中小地主结盟，反对藩镇割据，从而与代表豪强大地主政治利益的牛党发生冲突。换而言之就是，日趋灭亡的士族阶级与科举进士之间开始了“不是你死，就是我亡”的政治游戏。

## 朕不是软柿子

在手中权力日渐增大，政治地位初步稳定之后，唐宣宗便开始着手处理为害唐朝多年的宦官问题。唐宣宗之所以如此迫切地想解决宦官问题，根本目的是恢复唐朝的清明政治，直接目的却是为自己的父亲唐宪宗报仇。

为了解决宦官问题，他召宰相令狐绹前来商议。令狐绹对唐宣宗说："要想清除宦官势力不可操之过急。有罪必究，有缺必补。等他们自己消耗殆尽就可以了。"然而令狐绹的建议还未被采纳，就很快传到了宦官的耳朵里。因为这件事，朝臣和宦官之间的矛盾又进一步加深了。

当时有个叫李敬宴的宦官为人十分嚣张，遇到宰相郑朗居然不回避也不下马。唐宣宗得知此事后大怒，马上召李敬宴前来问话。宣宗问他："你奉命出使，自可通行无阻。但怎么能因私外出，遇宰相而不回避?"没想到李敬宴却禀报宣宗道："供奉官照例不必回避。"唐宣宗听他如此说，马上下旨收回李敬宴的一切职权，发配到南衙去当贱役。

唐朝有宦官监军的传统，为了防止这些宦官在地方上扰乱军政，作威作福，唐宣宗重新制定了相关规定。在新的法规中，一旦地方的节度使出现了什么差错，那么该地的监军使与节度使一起领罪，这样也就实现了当时设立监军使的初衷。唐宣宗的一系列举措虽然没能彻底地解决宦官问题，但也确实大大打压了宦官们的嚣张气焰，颇受朝臣和天下百姓的赞扬。

唐宣宗开始着手处理当年宪宗被谋害一事，将当年涉及宪宗谋害事件的大批宦官和外戚处死或者流放。这次的清洗活动前前后后共进行了六年，直到大中八年（854）年初才告一段落。

对于发生在文宗时期的"甘露之变"，唐宣宗心里也有着无限的感慨。他虽然为自己的哥哥文宗所惋惜，但又颇看不起李训和郑

注两人，所以他在后来为“甘露之变”中被枉杀的官员平反的过程中独独落下了李训和郑注。

一日朝会之上，宣宗看宰相马植腰间扎了一条十分贵重的腰带，便问他从何而来。马植不敢隐瞒，就对宣宗禀报说是左神策军护军中尉马元贽所赠。马元贽在拥立宣宗的时候立有大功，而这条腰带就是唐宣宗当年为了嘉奖他特意赏赐给他的。因为马元贽在宣宗朝极受皇帝的恩宠，所以大臣们都争相与之交好，而宰相马植就是其中之一。因为他们二人同姓，马植就与马元贽攀为本家，往来十分密切。为了表示自己的情谊，所以马元贽便将唐宣宗当年所赐的这条腰带转赠给了马植，没想到却被宣宗一眼认出。

第二天，唐宣宗就下旨将马植贬为天平军节度使，后又贬为常州刺史，他的从属们也都受到牵连。这对抑制宦官与朝臣勾结，擅权夺政也产生了一定的效果。

专栏

## 小太宗

虽然在宣宗即位之初，朝中的大臣都对这位有些“痴呆”的皇叔没抱多大希望，但宣宗却凭着自己的努力，让天下人对他另眼相看。

大中二年（848）二月，唐宣宗召见了翰林学士令狐绹，与他探讨了唐太宗所撰《金镜》中的治国之道。在这个过程中，唐宣宗对这位翰林学士十分尊重，君臣二人相谈甚欢。

在吏治改革方面，唐宣宗也在武宗朝的基础上做出了自己的努力，而“任贤勿贰，去邪勿疑”正是他所信奉的标准。唐朝的官员人数众多，宣宗年间已有近三千人。为了了解官员们的情况，以便能够将他们的才华用在可用之处，唐宣宗特意命宰相们编撰了一部《具员御览》，并放于案头，以便随时浏览。

唐朝在地方施行州县制，各地的最高长官便是刺史。刺史作为地方的行政长官，直接关系到朝廷政令的推行和百姓生活的好坏，所以对于刺史的任命唐宣宗更是格外重视。

前朝的高官太过泛滥，而唐宣宗则十分珍视官位的授予，不是对朝廷有大功劳的不可能在他手中获得这样的殊荣。不仅对高官如此，就算是一般官吏的任免，唐宣宗也要亲自审查，绝不只听信他人的一面之词。

至于唐朝的边境地区，到了宣宗时期也出现了新情况。吐蕃自唐武宗时期发生内乱之后，势力削减了不少。唐宣宗初年，本来被吐蕃所占有的秦、原、安乐三州和原州七关都陆续归顺了朝廷，这一情况也大大提高了唐宣宗的政治声望和资本。

在此之后，唐朝在宣宗时期还收回了河西走廊的控制权，并

在沙州设置了归义军，命领导这次战役的张议潮为沙州节度使。

在唐宣宗的屏风之上书写的是一整部的《贞观政要》，而他自己也经常阅读此书。他自小就十分仰慕先祖太宗皇帝的为君之道，而他之所以被称为小太宗，其中很大一部分原因就是他和唐太宗李世民一样善于纳谏。

他在位期间，不论是朝臣们的意见还是门下省的封驳他都能欣然接受，每逢大臣们提出了良好的建议，他甚至要洗手焚香，大有唐太宗当年的风范。

唐宣宗上朝时必然正襟危坐，无论多久都不露一丝倦怠之意，以至于当时的宰相令狐绹说每次上朝之时他都紧张得汗流浃背，不敢出一丝差错。但公事一旦结束之后，唐宣宗便和颜悦色起来，或谈天说地或一起游玩，和大臣们相处得如同朋友一般。

# 第七章 起义蜂起的乱局

## 宦官选天子

作为给李唐王朝带来希望之光的唐宣宗李忱也有自己的私心，他心中最为理想的太子人选是皇四子夔王李滋。

在唐宣宗李忱的心中一直存在着废长立幼的念头，他认为长子李温生性荒唐、目光短浅，他害怕大好的江山会断送在李温的手中。

大中十年（856）的春天，唐宣宗李忱已经47岁了，这时他已经坐在李唐王朝的皇座之上十年了，宰相裴休上书皇帝，希望他能够尽快决定储君的人选。对于裴休的催促，唐宣宗感到十分的不满，不久就将裴休贬职了。

由于皇帝和大臣们各执己见，立储之事迟迟未有定论，这种状态一直持续到宣宗驾崩。

和唐朝历代的天子一样，为大唐王室带来希望之光的唐宣宗也没能摆脱前几代帝王的老路，他为了追求长生不老开始如痴如醉地服食各种丹药，致使身体垮掉了。他卧床不起，再也不能上朝了。

面对这种情景，朝中的各种势力都行动了起来。当时大权大都掌握在宦官们的手中，满朝官员完全一筹莫展。因为宦官们将宫内的消息完全隔绝了，就连宰相也没有机会能够见到天子。

躺在病榻之上的唐宣宗，知道这时自己已经来不及册立太子了，而且即使他下诏册立李滋为太子，也必将会遭到站在皇长子一边的群臣的反对。所以，他选了在深宫内院中最得他信任的宦官们

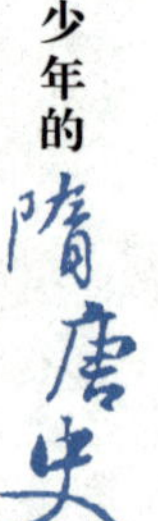

来秘密帮他拥立李滋为太子，然后帮助他登上帝位。这几个被唐宣宗托以重任的宦官就是内枢密使王归长、马公儒和宣徽南院使王居方。

王归长等人做的第一件事就是对禁军下手，他们和当时担任禁军右神策中尉的王茂玄联手积极活动，但是当时禁军中的另一个重要人物左神策中尉王宗实和王归长他们有很深的矛盾。

王归长假借宣宗的名义下了一道敕命给王宗实，任命他为淮南监军，这就等于是将他外放出京城了。对于这道命令王宗实虽然有所不解，但也只能老实接受，于是他很快整顿好行装，准备离开京城。就在这时，王宗实的一名手下，心思缜密的左神策军副使亓元实，对于这道敕命表示出了怀疑，他认为皇帝不会在这种局势混乱、形势不清的情况下做出重大的人事变动，更何况王宗实是保卫皇帝安全的禁军将领。亓元实告诉王宗实这必然是有人假借圣命，而这假传圣旨的人一定在图谋些什么，因为王宗实妨碍了他们的计划，才想要将王宗实调离京城。

王宗实听了亓元实的话之后认为十分有道理，于是王宗实决定入宫一探虚实，他带领大量禁军强行闯入皇宫，怒气冲冲地奔向了皇帝寝殿。在寝宫之中，王宗实看到皇帝已经驾崩，宫中的侍女和宦官们正站在皇帝的遗体周围大声哭泣。这一切都表明了王宗实所收到的圣旨是假的，于是他立刻下令让手下将假借皇帝的名义发布敕命的王归长等三人抓了起来。

面对突然出现的王宗实、亓元实等人，王归长等三人完全慌了手脚，虽然他们的行动是在宣宗授意之下进行的，但他们确实假传圣旨。之后王宗实将王归长、马公儒、王居方等人全都处死了。

王宗实立刻将郓王李温从十六宅中迎出，然后用大行皇帝的名义发布了遗诏，册封李温立为太子，改名为李漼，同时让太子监国。八月十三日，27岁的郓王李漼正式登上了帝位，史称唐懿宗。

## 众人皆醒我独醉

唐懿宗李漼是一个气度非凡、相貌英俊、很有帝王之气的人，他的外表给予大臣们一种将要天下大兴的错觉。在他刚刚登基为帝之时，大臣们都对他寄予了厚望。

遗憾的是，唐懿宗没能成为一位明君，他的行事作风中完全没有宣宗的影子。在他的统治之下，国家从宣宗时的清明迅速变得腐败不堪，正是他将大唐彻底地拖入了毁灭的泥潭。他之所以会被称为昏君，原因之一就是他在政令上的昏庸无能和肆意妄为。

作为一个气量狭隘的君王，唐懿宗不仅自己荒唐享乐、不思朝政，在官员的任免上也十分随意。他在登基之后所做的第一件事是下令处死当初没有签名同意让他监国的宰相。这道完全出于私怨的命令虽然最终没有被执行，但是从这之后，唐懿宗就不停地更换宰相，他在位期间，一共任用了二十一位宰相。

唐懿宗即位不久之后任命的第一任宰相是白敏中，白敏中是一个不能上朝的宰相，他在入朝时不慎摔伤了自己，因伤卧床在家四个多月无法上朝办公，对于唐懿宗的任命白敏中曾三次上表请求辞职，但是懿宗都没有批准。一个卧床不起的宰相正好给了他一个肆意玩乐、不理朝政的理由。

唐懿宗甚至还不顾国家法度，肆意滥杀，他最宠爱的女儿同昌公主因病去世，唐懿宗竟然毫无理智地处死了所有为公主诊治的医官，并且逮捕了他们的家属。这个决定震惊了朝野，当时宰相刘瞻希望谏官能够上表进谏，但是被懿宗吓怕了的谏官们不敢进谏，所以刘瞻亲自出面，希望劝懿宗能够释放那些医官的家属。

对于刘瞻的谏言，懿宗感到十分生气，于是将刘瞻贬为荆南节度使。这时原本就和刘瞻不合的驸马韦保衡趁机公报私仇，向懿宗编造了同昌公主是刘瞻和医官合谋投药毒死的谎言。懿宗就将刘瞻连续贬为康州刺史、驩州司户参军，其他与刘瞻关系密切的朝廷官

员也都受到牵连被贬了职。

唐懿宗在任命官员上十分随性，经常会随心所欲地赏赐官职、钱财，并不在乎所授之人是否有受赏的资格。懿宗的授官已经到了毫无节制的地步，可能就连他自己也不知道自己到底给多少人授予了官职。

只要是懿宗的亲信就可以不参加每年春天由礼部主持举行的科举考试，而以“特敕赐及第”的方式被皇帝直接授予进士出身。进士的选择完全依靠懿宗的个人爱憎，他的敕书取代了礼部的金榜。

在这些人中比较有代表性的就是咸通初年的宰相杜悰和咸通五年（864）担任宰相的路岩。杜悰本身是一个十分平庸的人，他能够得到高位完全是凭借身份，作为德宗宰相杜佑的孙子、宪宗朝的驸马，他有着足够显赫的身份。而路岩则是一个更加恶劣的人，因为唐懿宗的偏宠成为宰相，他在职期间大肆搜刮民脂民膏，结党营私，公开收受贿赂，肆意妄为，视王法为无物。

就这样唐懿宗统治时间的政治越来越腐败，他任命的大臣们大多是一些鱼肉百姓、横行霸道、贪污腐败之流。正是这些人和唐懿宗一起加速了李唐王朝的毁灭。

## 满城尽带黄金甲

黄巢是曹州冤句县(今山东菏泽西南)人，原本一个盐商家的孩子，他精通于骑射，同时还颇有文采。5岁时黄巢的父亲让他以菊花为题作一首诗，黄巢随口就作了一首诗：“飒飒西风满院栽，蕊寒香冷蝶难来。他年我若为青帝，报与桃花一处开。”自幼就有凌云之志，不甘于人下，但是他多次参与科举，却是屡试不中。

唐僖宗乾符元年（874），关东大旱，百姓们颗粒无收，面对这种情况当地的官员们不但没有给予百姓们帮助，反而还强迫他们必须按规定缴租税，服差役。在这种情况下，当他听到王仙芝起义的消息时，便揭竿而起。黄巢和王仙芝一起打着起义的大旗，到处征战，在短短的数月之中就把队伍发展到了数万人。

黄巢的军队最初在山东、河南等地转战进攻，成功攻占了阳翟、郏城等八个县。到了乾符三年（876）的九月，黄巢和王仙芝的军队攻占了汝州，目标指向东都洛阳。

受到威胁的朝廷看到起义军来势汹汹，一味态度强硬地派军平叛效果并不是很好，因此下令招安起义军领袖，将王仙芝封为左神策军押牙兼监察御史。对于这次招安黄巢非常反对，最终这次招安以失败告终。从这以后，黄巢、王仙芝就开始分兵行动。

乾符五年（878）的二月，王仙芝在黄梅战败被杀。这时黄巢正带兵攻打亳州，就在战事胶着不下的时候，尚让率领着王仙芝的部队来投靠，使得黄巢的部队实力大增。这之后黄巢成了整支起义军的首领，他统领着这支队伍继续和唐王朝抗争着。黄巢被人们推选为黄王，称冲天大将军。

黄巢发现朝廷在北方屯兵的数量要远远多于南方，起义军很难在北方与人多势众的唐朝正规军正面对抗，行动处处都受到限制。于是，黄巢就采取了避实就虚的策略，主要进攻兵力空虚的南方。在这些作战中，他一方面采用灵活的转战战略，一方面扩展自己的实力。

乾符六年（879）九月，黄巢攻下广州，进而控制了整个岭南地区。

岭南气候十分湿热，黄巢军队中的很多将士死于瘴疫，当时将士们都请求黄巢北归，以成大业。黄巢带领部队从桂州出发乘坐木筏，沿着湘江而下，直逼江陵，目标是北上襄阳。一路征战下来，起义军的队伍已经扩大到了五十万，沿途的很多城市都成了起义军的囊中之物。

与黄巢军队势如破竹相比，朝廷派来平叛的各路军队之间矛盾重重，无法协调，很多城市更是发生了兵变。

广明元年（880）十二月十三日，黄巢带兵攻进了长安城，当时的金吾大将军张直方带领着众人迎接黄巢进入城中。黄巢治军严

谨，在城内保持军纪严明，同时向贫民们分发财物，受到了百姓们的热烈欢迎。

十二月十六日，黄巢在含元殿称帝，建立了大齐政权，将年号定为金统。对于原来李唐王朝的官员，黄巢留用了四品以下的，其他的高官全都遭到了罢免。黄巢任命尚让做太尉兼中书令，任命赵璋为侍中，任命孟楷、盖洪为尚书左、右仆射，任命皮日休为翰林学士。

但是没过多久，黄巢所立的军规就荡然无存了，黄巢的那些部下，在城中烧杀抢掠无所不作，就连黄巢也禁止不了，这导致留守在长安的唐朝官员惶惶不可终日。同时，黄巢对于逃走的唐僖宗没有及时派兵追击，给了唐军喘息的机会，这些都为黄巢起义的失败埋下了祸根。

## 皇帝的避难所

广明元年（880）潼关以东的广大地区已经是战火连绵了，无心政事的僖宗完全不知道，但是掌控大军的田令孜早就已经知道了当时的大局，所以他提前做好了逃跑的准备。

十一月，东都洛阳被黄巢义军攻下，田令孜知道危机已经临近了，于是当黄巢的起义军兵临长安城下时，僖宗在田令孜的引导之下，甚至没有来得及通知文武百官，也没有召集军队，就只带着身边的五百名神策军和福、穆、泽、寿四王及几个妃子从长安城的金光门逃出了长安。

十二月十三日，唐僖宗等人终于到达了兴元，这时僖宗命令全国的兵马一起进攻黄巢，收复京城。在全国军队的围攻下，黄巢军被困在了长安近郊的一块狭小的土地上。然而由于各路官员纷纷赶到，偏僻贫穷的兴元难以支持越来越大的开支，钱财粮草等物资出现了周转不灵的现象。面对这种境况，僖宗在田令孜的劝说下又来到了成都。

田令孜之所以选择这里是因为他的哥哥陈敬瑄是西川节度使，早已在此处进行经营。在这里田令孜可以最大限度地发展他的势力，拓展他的权力。在成都安顿下来之后的僖宗，依然独宠田令孜，将所有的权力都交给了他，对于大臣们的谏言不闻不问，僖宗任命田令孜为行在都指挥处置使，这就等于是将僖宗在成都的一切事务都交给了田令孜。

僖宗最初来到成都时，曾经给蜀军的每个将士赏钱三缗，后来从其他地方进献的金帛越来越多，田令孜就私自将这些奖赏给了自己的亲信，而再也不交给蜀军的将士。当时蜀军中不满的人很多，这种不满积攒到了一定程度之后就爆发了出来，当田令孜在宴请诸军将领时，所有将领中只有西川黄头军使郭琪没有接受田令孜的敬酒，他威胁田令孜说希望蜀军能和其他保护皇帝的军队得到同等的待遇，如果再有赏赐不均之事发生，那么难免会发生变故。

听了这话，田令孜十分不悦，便换了一杯毒酒给郭琪。郭琪明知此酒有毒，但田令孜势大他不敢违抗，也只能喝了下去。好在此酒毒性不烈，郭琪回家以后延医治疗，保住了性命。愤怒之下，郭琪带兵作乱，逃出成都，前去扬州投奔了高骈。

中和四年（884）七月二十四日，黄巢起义失败之后，僖宗在成都举行了一场盛大的献俘之礼，然后带着官员们高高兴兴地准备返回长安去。

在历经千辛万苦之后，僖宗在中和五年（885）三月二十二日回到了已经离开四年之久的京师，然后宣布大赦天下，并改元光启，他希望从此以后唐王朝的统治能够和平稳定，天下太平。遗憾的是，他的愿望最终并没有实现。

## 被墙头草坑了一把

朱温是宋州砀山人，天资过人，孔武有力。他幼年丧父，只能与母亲一起给别人做佣仆为生。二十多岁时朱温，便加入了黄巢的军队。生活在社会最底层的朱温，对于金钱和权力的欲望十分旺盛，他不畏强暴、敢于抗争，同时也阴险凶虐、首鼠两端。

在黄巢攻入长安时，朱温已经是深受黄巢重用的一员大将了。中和二年（882）正月，黄巢任命朱温为同州刺史。与同州一河之隔的地方是河中节度使王重荣的驻地，与朱温相似，王重荣也是一个首鼠两端之辈，他曾经投降过起义军，后来当僖宗在四川要求各地将领围攻起义军时，他为了自保又再一次投降了朝廷。在和王重荣争斗的过程中，朱温杀了黄巢的监军使，投降了王重荣。

于是僖宗任命朱温为同华节度使，同时，为他赐名全忠。中和三年（883）黄巢的军队在李克用和朱全忠的围攻下被迫撤出长安。光复长安的功绩使得朱全忠因功被任命为宣武节度使、兼东北面都招讨使，李克用也因此被任命为河东节度使。

面对连战皆胜的李克用军队，留在汴州城内的朱全忠心中百转千回，感叹这不愧是一支骁勇善战的部队。长此下去，自己就无法和李克用争夺权势与地位了。

中和四年（884）的五月十四日，朱全忠写了请帖热情地邀请李克用来参加宴会。在宴会上朱全忠对李克用十分礼遇，即使李克用一直神情倨傲、盛气凌人，朱全忠也十分谦恭、谦卑，不停地向李克用敬酒，没过多久，李克用就已经喝得酩酊大醉了。

这场酒宴一直到黄昏才结束，李克用已经不省人事了，只能在手下的搀扶下，勉强地站起来。就在这个时候突然响起了震耳欲聋的喊杀声，朱全忠的军队全副武装地涌进宴会厅，持刀砍向李克用等人。

好不容易清醒的李克用，慌忙抵抗，李克用手下的士兵们将李克用围在中间翻过院墙，拼尽全力为李克用杀出一条血路，实现了突围。

在后来李氏王朝最后的二十多年中，他们一直处于敌对的位置，并且这种仇恨一直延续到了他们的后代的身上，导致后唐与后梁之间连年征战。

# 第八章 众叛亲离，大唐残照

## 被宦官囚禁的皇帝

朱温在中原大杀四方之时，唐昭宗却在长安城内过着朝不保夕的日子。此时的唐昭宗，甚至连长安附近的地区都无法控制。

为了解除藩镇对自己的威胁，唐昭宗曾经组织宗室诸亲王建立军队用以自保，甚至直接派禁军攻打日益强大的藩镇。可是，久疏战阵的禁军根本不是藩镇军的对手。唐昭宗一次次的努力换来的只是无数次的出奔和被囚。长此以往，唐昭宗终于放弃了无谓的努力。

光化三年（900），依附于凤翔节度使李茂贞的宦官宋道弼、景务修和宰相王抟勾结，声称宰相崔胤与朱温内外联络，把持朝政。唐昭宗当即将崔胤贬为清海军节度使，命其即日离开长安。谁知崔胤即刻给朱温修书一封要他帮忙。

崔胤前脚刚走，后脚朱温的奏折就送来了，声称崔胤是值得信赖的重臣，绝不能离开长安，否则将危及朝廷。唐昭宗只得将崔胤又追回来，重新任命为宰相，同时免去王抟、宋道弼和景务修的职务并流放外地。在这场闹剧中，宦官与朝臣攻讦不休，只可怜唐昭宗就像玩偶一样。

外有藩镇不时作乱犯上，内有朝臣钩心斗角。唐昭宗看着这一切，深知李唐皇室的天下就要完了，他却毫无办法，只得整日酗酒，变得喜怒无常。一时间，宫中人心惶惶，人人自危。于是，以枢密使、神策军左中尉刘季述为首，一个阴谋集团逐渐形成。

刘季述原本出身低微，后来做了左神策护军中尉刘行深的养子，在唐僖宗时接替父职，逐渐成为在朝中颇有影响的人物。唐昭宗的即位，就是他和杨复恭合谋的结果。在杨复恭等人死后，他成了宦官集团的首领。

此外，在依靠朱温的崔胤掌握大权之后，朝臣的势力明显见长，而宦官的地位则日渐动摇。刘季述眼见宦官日益危险，打算发动兵变，拥立太子李裕为皇帝，逼迫唐昭宗逊位，并联合李茂贞和匡国节度使韩建等藩镇，对付可能有所动作的朱温。在刘季述的串联下，右军中尉王仲先、枢密使王彦范、薛齐偓等宦官都参加了密谋。

光化三年（900）十一月初四，唐昭宗到城北的皇家苑囿狩猎，收获颇丰；兴高采烈的唐昭宗当晚大宴群臣，觥筹交错，甚是开心，然后沉沉睡去。沉浸在甜美梦乡中的唐昭宗并不知道，刘季述趁机调集千名禁军，将皇宫围了个水泄不通。唐昭宗被囚禁了起来。

解决了唐昭宗的问题，刘季述接着又带兵直扑太子所在的东宫，太子李裕还没明白是怎么回事儿，就被刘季述裹挟着来到了宫中，立为皇帝，改名李缜。同时，唐昭宗被“尊”为太上皇。

整整一个月，各个藩镇都毫无动作，一片沉寂。政局似乎重新回到了宦官当政的时代，新皇帝的宝座似乎在刘季述的扶植下也坐稳当了。然而，事情并没有这么简单，在沉默的局势底下，各方势力正在暗暗较劲，这场动乱的高潮，方才拉开帷幕。

## 二虎相争，朱温得利

光化三年（900），太子李裕在懵懵懂懂之间被扶上了皇帝的宝座，但是，这位甚至没有在历史上留下帝号的皇帝自然不可能成为真正的掌权者，在幕后策划这一切的刘季述才是那个操控一切的人。

为了巩固政权，一方面，刘季述大肆为百官加官晋爵，又大赦天下，妄图收买人心；另一方面，对平素和自己不睦的朝臣以及唐昭宗以前的亲信，刘季述则举起屠刀，大开杀戒。

自从政变以来，各个藩镇并没有贸然行动。所有人都在盘算着如何从这个混乱至极的情况中获得最大的政治资本，浑水摸鱼。

朱温自然也是这么想的。政变发生之时，他正在河北定州指挥作战。听说了长安的情况，朱温便立刻返回汴州。他很清楚，以自己的实力，一定会有人找上门百般拉拢。而情况也果然如他所料，不仅刘季述向他伸出了橄榄枝，就连崔胤也暗暗地给他写来一封信。

朱温一时拿不定主意，便导演了一出两虎相争的把戏。他故意把崔胤的信交给了刘希度，并且说崔胤此人反复无常，是个阴险小人，应该杀之以绝后患。刘季述很快得知了这一消息，立刻找来崔胤对质此事。崔胤不愧是乱世宰相，颇有急智，对此事矢口否认，一口咬定信件是别有用心的人伪造的。

为了让刘季述放心，崔胤又和刘季述假意结成了共同抵抗朱温的同盟，这才得以全身而退。结果，崔胤一回家，立刻又写了一封信给朱温，再次恳求他发兵平乱。

朱温的重要谋士、时任天平节度副使的李振力劝朱温出兵勤王，趁此机会，将天子控制在自己手中，挟天子以令诸侯。朱温当即做出了出兵的决定。

朱温虽然表示了支持，但毕竟远在汴州，而长安的军权都控制在宦官手里。正在一筹莫展之时，崔胤发现了一个人：左神策指挥使孙德昭。

经过周密的安排，崔胤等人决定擒贼先擒王，趁刘季述等人不备突袭之。天复元年（901）正月初一清晨，右军中尉王仲先在进宫途中，于安福门被早已埋伏在这里的孙德昭带兵擒杀。接着，孙德昭带着王仲先的人头赶往已改名为问安宫的少阳院迎请唐昭宗。在群臣的簇拥下，唐昭宗来到长乐门楼，正式宣告复位。

死里逃生重登大宝的唐昭宗自然要论功行赏。幕后主使崔胤自然是首功之臣，唐昭宗坚持要封他为司徒，崔胤却坚辞不受，这让唐昭宗对他更为看重，命其辅佐朝政，兼领三司诸使。参与此事的神策军三将也均受赐李姓，分别改名为李继昭、李继诲和李彦弼，又都升为同平章事，分别领静海、岭南西道和宁远三镇节度使。三人以节度使加宰相衔，被时人称之为三使相。

光化四年（901）四月，为了庆祝复位，唐昭宗改元天复。天子虽然复位了，但是残唐的政局却因这次政变更加混乱，朝臣与宦官的关系变得更加水火不容，而缓过神来的藩镇也把手伸进朝廷。一次新的劫难即将降临。

## 哀皇帝，很悲哀

天祐元年（904），唐昭宗在朱温的胁迫下无奈踏上了前往洛阳的旅途。当他行至陕州时，便以洛阳宫室尚未完工，多有不便为由，羁留在陕州。此时，各地藩镇已先后接到了唐昭宗的求援，纷纷起兵攻打朱温。

西川节度使王建与向朱温降而复叛的凤翔节度使李茂贞兵合一处，进击朱温，企图夺回唐昭宗；而河东的李克用也在河中部署兵力，从侧翼对朱温虎视眈眈。朱温不得不派兵分头迎击。在这种情况下，朱温以武力催促唐昭宗动身。

不久，唐昭宗在洛阳正式上朝升殿，从此完全成为朱温的傀儡，被其牢牢地控制在手心。

尽管此时的唐昭宗在政治上几乎是孤家寡人，孑然一身，但朱温仍然不放心，还要大开杀戒，赶尽杀绝。之前唐昭宗从长安动身时，还有侍奉唐昭宗日常起居的少年侍从、供奉二百余人一同随行。朱温竟然在一夜之间，将这些人全部勒死，并命早已选好的数目相同、年纪相仿的自己人，换上相同的服饰，侍奉唐昭宗。可怜唐昭宗过了多天才惊觉自己周围已经遍布朱温的耳目。

饶是如此，朱温还是对唐昭宗有着十二万分的小心，唯恐一时

不慎，落得个像崔胤和刘季述那样的下场。唐昭宗曾经在宫内设下酒宴，请朱温饮酒，朱温担心唐昭宗设下圈套谋杀自己，于是以不胜酒力为由，拒绝前往。

此时的朝堂，已完全由朱温说了算。大小官员，皆出于朱温的任命，几乎都是其亲信手下，蒋玄晖担任了宣徽南院使兼枢密使，王殷担任了宣徽北院使兼皇城使，韦震担任了河南尹兼六军诸卫副使，张廷范担任了金吾卫将军，朱友恭和氏叔琮则分别担任左右龙武统军。

与此同时，各个藩镇再次掀起了反对朱温，匡复唐室的浪潮。为了彻底打消其他藩镇的念想，朱温决定将唐昭宗斩草除根。

天祐元年（904）八月十一日的深夜，喝得大醉的唐昭宗在椒殿院中早早就寝。突然，急促的敲门声在宫门外响起，声称有紧急军情需面见皇帝。河东夫人裴贞一闻声打开宫门，看到的却是全副武装的士兵杀气腾腾劈下的一刀。原来是蒋玄晖、朱友恭、氏叔琮带兵闯入内宫，打算谋杀唐昭宗。

睡得正熟的唐昭宗被宫人的惨叫声惊醒，知道事情不妙，慌忙起身，穿着睡衣就想逃命——但哪里逃得掉呢？昭仪李渐荣见皇帝有难，扑在皇帝身上哀求蒋玄晖放过唐昭宗，结果二人一起被杀，只有苦苦哀求的何皇后逃过一劫。

第二天，蒋玄晖声称李渐荣、裴贞一谋害皇帝，已被处死，接着按照朱温的命令，在唐昭宗的九个儿子中挑选年纪仅有13岁的辉王李柷即位，是为唐朝的第二十一位，也是最后一位皇帝，唐哀帝。

为了堵住天下悠悠之口，朱温随即赶回洛阳，假惺惺地为唐昭宗服丧，又将朱友恭、氏叔琮两人罢官贬职，明正典刑。可怜二人为朱温卖命一生，最终却为朱温背了黑锅。

第二年，为唐昭宗下葬时，朱温为了斩草除根，将唐昭宗剩余的皇子灌醉后全部杀死。

宦官死了，朝臣死了，唐昭宗也死了，李唐皇族只剩下一个懵懵懂懂的小皇帝。朱温已经可以随心所欲地按照他的意愿操纵朝政，一步步向九五至尊的宝座前进。唐哀帝即位不久，就将已经贵为梁王的朱温加封为魏王，又拜为宰相，统摄文武百官。

唐帝国的灭亡已经进入了倒计时，接下来就看朱温要如何为其坟墓上填上最后一抔土了。

## 帝国日落

唐昭宗在位时，朱温还不敢明目张胆地公开杀人，而是借助崔胤等人深文周纳，罗织罪名，清除政敌。如今昭宗已死，小皇帝不过是自己的政治傀儡，朱温可以放心大胆地在光天化日之下消灭异己了。

在朱温的示意下，唐哀帝将朝中的左仆射裴枢、右仆射崔远、清海军节度使独孤损、吏部尚书陆扆、工部尚书王溥、守太保致仕赵崇、兵部侍郎王赞等一批官员三十余人统统贬职，流放到外地。当他们经过滑州白马县的白马驿时，朱温又下起毒手，将其统统杀害。

行刑前，谋士李振对朱温说，这帮人平常骄傲得了不得，自称为“清流”，不如把他们投入黄河，以后他们就是浊流，永世不得翻身。于是，这些人的尸首都被投入了黄河，从此杳无踪影。

这场史称“白马之祸”的大屠杀从某种意义上来说宣告了唐朝的灭亡，只剩下唐哀帝的朝廷，已经实在不足以被称为一个政府了。不仅如此，“白马之祸”给后世也造成了深远的影响：自汉魏以来逐渐崛起，在六朝时臻于极致，影响中国数百年的门阀贵族从此彻底烟消云散，旧时王谢堂前燕再也难寻踪迹。

“白马之祸”过后，朝堂几乎空无一人。为了装点门面，朱温又起用了一批在昭宗时不得志的士人，并强迫各地名士入朝为官。可在此乱世，稍有见识的人大多闭门不出，唯恐惹祸上身，谁会自投罗网呢？

不过朱温已经不在乎这个了。他已经迫不及待地想要登基做皇帝。于是，他命令宰相柳璨和枢密使蒋玄晖策划唐哀帝禅位的有关事宜。柳璨和蒋玄晖经过仔细研究，拿出了一套按部就班，循序渐进，堪称“正统”的篡位程序。按照两人的想法，根据魏晋以来的传统，首先要裂土封王，然后再加九锡之礼，最后才能禅位。

谁知道这个建议却大大地触怒了朱温，朱温怎么可能看得上那一套繁文缛节呢？他所要的只是结果而已。柳璨和蒋玄晖恐怕做梦也没想到，经过此事，朱温对他们俩产生了怀疑，认为他们这么做是为了拖延他登基称帝的时间，于是朱温先后将二人处死。

此时战争再次爆发，朱温出兵攻打幽州刺史刘仁恭。刘仁恭在朱温的持续进攻下疲于招架，只得向李克用求援。李克用随即出兵进攻朱温的侧翼潞州。原本镇守潞州的是朱温的爱将丁会，但当丁会得知朱温弑唐昭宗企图篡位的恶行后，便趁李克用出兵之际向其投降。朱温的老巢汴州一带顿时门户大开。正在全力进攻沧州的朱温只得退兵。

为了安定人心，提振士气，朱温决定正式称帝。天祐四年（907）正月，回到汴州的朱温趁薛贻矩前来慰劳之时，让薛贻矩向唐哀帝传达了他让唐哀帝禅位的意愿。四月十八日，朱温正式举行了禅位仪式，定国号为大梁，改汴州为开封府，定为国都，改元开平。唐哀帝则被封为济阴王，囚禁于曹州。第二年，年仅17岁的末代唐皇也被朱温斩草除根。

从武德元年（618）唐高祖李渊建国，到天祐四年（907）唐哀帝李柷禅位，立国二百八十九年，历经二十二帝的唐朝至此覆亡。从此，中国再次进入了一个四分五裂、征战不休的战乱时期——五代十国。直到北宋建隆元年（960），宋太祖建立宋朝，中国才再次进入统一时期。

唐朝，以其如日中天的国力、旺盛的生命力、八面来朝的宏大气势绽放出让后世瞠目结舌的盛世牡丹。

梦回唐朝，一个意气风发的时代，让人放开心胸、纵马四海，无数次地感受地野苍苍所带来的血脉偾张，体验横刀仗剑四顾无敌的意气风发，领略雄踞东方而傲视天下的逼人气魄！

千年萦绕，数不尽的风流人物，说不完的盛世景象，在谈笑间一扫心中阴霾，争一个锦天绣地、满目俊才。

愿回到皇皇大唐，以最为宽广的眼光容纳世间的一切，以最为精当的典制安邦治国流芳百世，纵然是悲欢只身两徘徊，今生也无悔，来世更期待。

## 宦官的末日

宰相崔胤，作为朝臣之首，请求重登皇位的唐昭宗，将左右禁军的指挥权从宦官手中转移到宰相的手里。当唐昭宗决定批准崔胤的建议时，闻讯赶来的禁军将领却表示了强烈的抗议。他们对天子表示，宦官虽然可恶，却身处内宫，从理论上来讲算是皇帝的家人。拱卫皇室的禁军，怎么可以掌握在外人的手里？

闻听此言的唐昭宗也无可奈何，毕竟他的皇位还要倚重禁军来捍卫。于是他重新任命了两个宦官韩全诲、张彦弘来担任神策军左、右中尉。一切又重新恢复了老样子。

为了进一步打击宦官的势力，在崔胤的建议下，唐昭宗为太和九年（835）甘露之变中被宦官屠杀的朝臣们平反；紧接着，崔胤又收回了原本为宦官控制的酒曲专卖权，允许天下人自行造酒曲。

崔胤原本打算从政治上和经济上全面限制宦官，没想到，这一来反而弄巧成拙。原来，酒曲专卖权不仅掌握在宦官手中，各个藩镇也有此种权力。酒曲专卖权的废止固然使宦官断了财路，各个藩镇也损失颇大，凤翔镇也是其中之一。大为不满的李茂贞对此极力反对，不仅一再上书，甚至入朝当面驳斥崔胤。

韩全诲、张彦弘曾经担任过凤翔镇监军，原本就同李茂贞关系不错，于是便趁机拉拢李茂贞，商议发动兵变，除去崔胤。

崔胤只得再次求助朱温，催促朱温尽快进兵长安。崔胤没有料到的是，宦官抢先一步得知了朱温出兵的消息，旋即命禁军发动了兵变。在韩全诲的指挥下，李继诲、李彦弼等人率兵包围了皇宫，胁迫唐昭宗、何皇后、诸王及一班嫔妃内侍迁往凤翔。

与此同时，朱温的大军顺利进入了长安，并与留守的崔胤会合。经过商议，二人决定迅速出兵凤翔，抢回唐昭宗。

势穷力竭的李茂贞只得向朱温表示愿意诛杀宦官，奉送唐昭宗返回长安。宦官的末日终于来到了。在朱温和崔胤的合谋下，唐昭宗下令罢免了宦官担任的所有职务，并将各藩镇中担任监军的宦官全部召回。在中央，除了几十名未成年的小宦官，其余七百余名宦官全部被集中在内侍省杀死。有唐一代延续数百年的南衙北司之争至此彻底结束了。